T0013432

Te deseo
la felicidad

PAPA FRANCISCO

Te deseo la felicidad

Para que tengas una vida plena

Traducción de Ana Ciurans Ferrándiz

ORIGEN

Título original: *Ti voglio felice*
Primera edición: enero de 2024

© 2022, Libreria Editrice Vaticana-Dicastero per la Comunicazione, Città del Vaticano
© 2022 FullDay srl

© 2024, Penguin Random House Grupo Editorial USA, LLC
8950 SW 74th Court, Suite 2010, Miami, FL 33156
© 2024, Ana Ciurans Ferrándiz, por la traducción

Penguin Random House Grupo Editorial apoya la protección del copyright.
El copyright estimula la creatividad, defiende la diversidad en el ámbito de las ideas y el conocimiento,
promueve la libre expresión y favorece una cultura viva. Gracias por comprar una edición autorizada
de este libro y por respetar las leyes del copyright al no reproducir, escanear ni distribuir ninguna
parte de esta obra por ningún medio sin permiso. Al hacerlo está respaldando a los autores
y permitiendo que PRHGE continúe publicando libros para todos los lectores.
Queda prohibido bajo las sanciones establecidas por las leyes escanear, reproducir total o
parcialmente esta obra por cualquier medio o procedimiento así como la distribución de ejemplares
mediante alquiler o préstamo público sin previa autorización.

Printed in Colombia — Impreso en Colombia

ISBN: 979-8-89098-049-6

ORIGEN es una marca registrada de Penguin Random House Grupo Editorial

ÍNDICE

Introducción. Felices como Dios nos quiere 9

Quince pasos hacia la felicidad 15

    I. La felicidad es un don que recibimos de Dios 23
    II. La felicidad se regala 59
    III. La felicidad es un camino 99
    IV. La felicidad no es ir tirando 131
    V. La felicidad es soñar con cosas reales 171
    VI. La felicidad es revolucionaria 189
    VII. La felicidad es amor concreto 207
    VIII. La felicidad es el céntuplo en esta vida 231

Fuentes 261
Libros y películas 281

Introducción

Felices como Dios nos quiere

«Este fue el primero de los *signos* de Jesús, y lo hizo en Caná de Galilea. Así manifestó su gloria, y sus discípulos creyeron en él» (Juan 2, 11). Con estas palabras concluye el pasaje del Evangelio de san Juan que cuenta las bodas de Caná, cuando Jesús transforma el agua en vino para regocijo de los novios. El evangelista no habla de milagro, es decir, de un hecho extraordinario que causa maravilla, sino que cuenta que en Caná tiene lugar un *signo* que suscita la fe de sus discípulos.

¿Qué es un *signo* según el Evangelio? Es una señal que revela el amor de Dios. No se da importancia al poder del gesto, sino al amor que lo ocasionó. Un amor, el de Dios, cercano, tierno, misericordioso. Un amor que nos acompaña.

Aquel signo, el primero realizado por Jesús, se produce cuando los novios pasan por un aprieto en el día más importante de sus vidas. En plena fiesta se quedan sin algo esencial, el vino, y la alegría está a punto de desvanecerse a causa de las críticas y la insatisfacción de los invitados. ¡Cómo va a celebrarse un banquete de boda con agua!

Es María quien se da cuenta del problema, se lo hace saber a Jesús y Él interviene con discreción. Todo ocurre de manera reservada, entre bambalinas, porque es así como Dios actúa, con cercanía y prudencia —a tal punto que será el novio quien se cubra de elogios por la calidad del vino—.

Es bonito pensar que el primer signo de Jesús no es una curación extraordinaria ni un prodigio en el templo de Jerusalén, sino un gesto que sale al encuentro de una necesidad simple y concreta de la gente común, un gesto familiar, un milagro, por decirlo de alguna manera, realizado *de puntillas*.

Pero el signo de Caná tiene otro rasgo distintivo. El vino que se servía al final de las celebraciones solía ser el peor, pues, aunque lo aguaran, los invitados ya no se daban cuenta. Jesús, en cambio, concluye la fiesta con el *vino mejor*. Simbólicamente significa que Dios quiere lo mejor para nosotros: nos quiere felices.

No se pone límites y no nos pide nada a cambio.

En el signo de Jesús las segundas intenciones, las dobleces, no tienen cabida. La alegría que Jesús deja en los corazones es pura y desinteresada. Nunca está aguada, es una alegría que nos renueva.

«Yo hago nuevas todas las cosas», dice la palabra de Dios en el Apocalipsis (21, 5).

Nuestro Dios es el Dios de las novedades, de las sorpresas. Crea novedades en la vida del hombre, en el cosmos. Dios siempre hace nuevas todas las cosas y nos pide que estemos abiertos a las novedades: vino nuevo en barriles nuevos.

De ahí que no sea cristiano caminar con la mirada en dirección al suelo, sin alzar la vista al horizonte, como si nuestro camino acabara a pocos palmos de distancia, como si nuestra vida no tuviera una meta y nos viéramos obligados a un eterno deambular sin un motivo que justifique nuestros muchos esfuerzos.

Dios no ha querido nuestras vidas por casualidad, sino que nos ha creado porque quiere que seamos felices. Es nuestro Padre, y cuando, aquí y ahora, vivimos una vida que no es la que Él quiere para nosotros, Jesús nos garantiza que Dios se está ocupando personalmente de liberarnos.

Ser cristiano implica una nueva perspectiva, una mirada llena de esperanza.

Nosotros creemos y sabemos que la muerte y el odio no son las últimas palabras pronunciadas en la parábola de la existencia humana.

Hay quien cree que toda la felicidad de la vida está contenida en la juventud y en el pasado, y que vivir es una lenta decadencia.

Otros consideran que la felicidad es solo esporádica y pasajera, y que la vida del hombre está marcada por la falta de sentido.

Pero nosotros, los cristianos, no.

Nosotros creemos que el horizonte del hombre está perennemente iluminado por el sol.

Creemos que nuestros mejores días están por llegar.

Somos más de primavera que de otoño.

En vez de fijarnos en las hojas que amarillean en las ramas, vemos sus nuevos tallos.

El cristiano sabe que el reino de Dios, su Señoría de amor, crece como un extenso campo de trigo. A pesar de la cizaña, de los problemas —los chismorreos, las murmuraciones, las guerras, las enfermedades…—, el trigo crece y al final, el mal será eliminado.

No sabemos qué nos depara el futuro, pero sabemos que Jesús es la gracia más grande de nuestras vidas: no solo el abrazo que nos espera al final, sino también el que nos acompaña a lo largo del camino.

No debemos recrearnos en la nostalgia, la añoranza y las lamentaciones. Sabemos que Dios nos quiere herederos de una promesa e incansables cultivadores de sueños.

Quince pasos hacia la felicidad

1

Lee dentro de ti. Nuestra vida es el libro más valioso que nos ha sido entregado y justo en él se encuentra lo que se busca por otras vías. San Agustín lo sabía: «Vuelve a ti mismo; en el hombre interior habita la verdad». Esta es la invitación que quiero haceros a todos y que me hago a mí mismo. Lee tu vida. Léete dentro, observa tu trayectoria con serenidad. Vuelve a ti mismo.

2

Recuerda que eres único, que eres única. Cada uno de nosotros lo es y ha venido a este mundo para sentirse querido en su unicidad y para querer a los demás como nadie puede hacer en su lugar. Sentarse en el banquillo para hacer de reserva de otro jugador no es vida. No. Cada uno de nosotros es único a los ojos de Dios. Así que no te dejes *homologar*, no estamos hechos en serie. Somos únicos y libres, y hemos venido al mundo para vivir una historia de amor, de amor con Dios, para abrazar la audacia de los retos, para aventurarnos en el maravilloso peligro que es amar.

3

¡Deja salir tu belleza! No la belleza dictada por las modas pasajeras, sino la verdadera. La belleza a la que me refiero no es la de Narciso, que inclinándose sobre sí mismo, enamorado de su propia imagen, acabó muriendo ahogado en las aguas del lago donde se reflejaba. Tampoco a la que se pacta con el mal, como la de Dorian Gray, cuyo rostro se desfiguró cuando el hechizo se desvaneció. Me refiero a la belleza que nunca se marchita porque es el reflejo de la belleza divina: nuestro Dios es inseparablemente bueno, verdadero y bello. Y la belleza es uno de los caminos privilegiados para llegar a Él.

4

Aprende a reírte de ti mismo. Los narcisistas se miran continuamente al espejo... Yo aconsejo que os miréis de vez en cuando y os riais de vosotros mismos. Sienta bien.

5

Sé una persona de sanas inquietudes. Me refiero a las inquietudes que empujan a seguir adelante, que estimulan los proyectos y los objetivos, a no dormirse sobre los laureles. No te aísles del mundo encerrándote en tu habitación como un piterpán que se niega a convertirse en adulto y mantén una actitud abierta y valiente.

6

Aprende a perdonar. Todos somos conscientes de no estar siempre a la altura del padre, la madre, el marido, la esposa, el hermano, la hermana, el amigo o la amiga que deberíamos ser. En

la vida todos pecamos *por defecto*. Y todos necesitamos misericordia. Recuerda que necesitas perdonar, que te perdonen,
que necesitas paciencia. Y recuerda siempre que Dios te precede y te perdona primero.

7

Aprende a leer la tristeza. En nuestra época la tristeza está con-
siderada un mal del que huir a toda costa. Sin embargo, puede
ser una señal de alarma indispensable para invitarnos a explo-
rar paisajes más ricos y fértiles que se escapan a la fugacidad y
a la evasión. A veces la tristeza hace las veces de un semáforo
que nos advierte: «¡Detente!». Aprende a escucharla. Sería
mucho más grave desoír este sentimiento.

8

Sueña en grande. No te contentes con lo que toca. El Señor no
desea que limitemos nuestros horizontes ni que nos quede-
mos aparcados en las cunetas de la vida, sino que aspiremos a
metas ambiciosas, con alegría y audacia. No estamos hechos
para limitar nuestros sueños a las vacaciones o los fines de semana, sino para cumplir en este mundo los sueños de Dios. Él
nos ha hecho capaces de soñar para abrazar la belleza de la
vida.

9

No prestes atención a los vendedores de humo. Una cosa son los
sueños y otra las quimeras. Quien habla de cosas imposibles y
vende humo es un manipulador de la felicidad. Hemos sido
creados para una felicidad más grande.

10

Sé revolucionario, ve a contracorriente. En la cultura de lo pasajero, de la relatividad, muchos predican que lo importante es *disfrutar* del momento, que no vale la pena comprometerse o apostar por caminos definitivos porque no sabemos qué nos reserva el futuro. Te pido que seas revolucionario y te rebeles a esta cultura que, en el fondo, no te cree capaz de asumir responsabilidades. Ten valor para ser feliz.

11

Arriésgate, a costa de equivocarte. No observes la vida desde el balcón. No confundas la felicidad con un sofá. No seas otro coche aparcado. Mantén vivos tus sueños y toma decisiones. Arriésgate. No sobrevivas con el alma anestesiada y no mires el mundo como si fueras un turista. ¡Hazte oír! Ahuyenta los miedos que te paralizan. ¡Vive! ¡Concédete lo mejor de la vida!

12

Camina con los demás. No es bueno caminar solo. Ni bueno ni divertido. Camina en comunidad, con los amigos, con quienes te quieren, porque eso ayuda a alcanzar la meta. Y si te caes, levántate. No le tengas miedo al fracaso, a las caídas. En el arte de caminar lo que cuenta es saber *ponerse en pie de nuevo.*

13

Vive la gratuidad. Quien no vive la gratuidad fraterna hace de su existencia un comercio agobiante, siempre pendiente de sopesar que lo que da sea igual o menor a lo que recibe. Dios da gratis, a tal punto que ayuda incluso a quienes no le son fieles y «hace salir el sol sobre malos y buenos» (Mateo 5, 45). Hemos recibido la vida gratis, no hemos pagado por ella, así que todos podemos dar sin esperar nada a cambio. Eso decía Jesús a sus discípulos: «Habéis recibido gratuitamente, dad también gratuitamente» (Mateo 10, 8). Este es el sentido de una vida plena.

14

Mira más allá de la oscuridad. Esfuérzate por tener los ojos luminosos incluso en las tinieblas, no dejes de buscar la luz en medio de la oscuridad que nos rodea y en la que a menudo está sumido nuestro corazón. Levantar la mirada del suelo, hacia arriba, no para huir, sino para vencer la tentación de permanecer tumbado sobre nuestros miedos. Este es el peligro: que nuestros miedos sean nuestro apoyo, que nos encerremos en nuestros pensamientos compadeciéndonos de nosotros mismos. Y esta es la propuesta: ¡levanta la mirada!

15

Recuerda que estás destinado a lo mejor. Dios quiere lo mejor para nosotros: nos quiere felices. No se pone límites y no pide nada a cambio. En el signo de Jesús, las segundas intenciones, las dobleces, no tienen cabida. La alegría que Jesús deja en los corazones es pura y desinteresada. Nunca está aguada, es una alegría que nos renueva.

I

La felicidad es un don que recibimos de Dios

Solo el amor lleva la felicidad a la vida

«Porque el que quiera salvar su vida, la perderá; y el que pierda su vida a causa de mí, la encontrará» (Mateo 16, 25). Esta paradoja contiene la regla de oro que Dios ha grabado en la naturaleza humana creada en Cristo: solo el amor da sentido a la vida y lleva a ella la felicidad. Malgastar los dones y las energías solo para salvarla, guardarla y realizarse uno mismo conduce en realidad a perderse, es decir, a una existencia triste y estéril. Si, en cambio, vivimos para el Señor y orientamos nuestra vida al amor, como hizo Jesús, podremos experimentar la alegría auténtica y nuestra vida no será estéril, sino fecunda.

La salvación es un don gratuito

Frente al amor, frente a la misericordia, a la gracia divina derramada en nuestros corazones, solo hay una consecuencia: la gratuidad. ¡Nadie puede comprar la salvación! La salvación es un don gratuito del Señor, un don gratuito de Dios que acude a nosotros y vive en nosotros. Y así como hemos recibido gratuitamente, también gratuitamente debemos dar (cfr. Mateo 10, 8), como María, que inmediatamente después de haber recibido el anuncio del ángel comparte el don de la fecundidad con su prima Isabel. Porque si todo nos ha sido dado, todo debe ser devuelto. ¿De qué manera? Permitiendo que el Espíritu Santo haga de nosotros un regalo para los demás. El Espíritu es un don para nosotros y nosotros, gracias a su fuerza, debemos ser un don para los demás y permitir que Él nos convierta en instrumentos de acogida, de reconciliación, de perdón. Si nuestra existencia se deja transformar por la gracia del Señor —porque la gracia del Señor nos transforma—, no podremos retener para nosotros la luz que irradia su rostro y la dejaremos filtrar para que también ilumine a los demás.

Un corazón manso

La salvación no se compra, no se vende. Se regala, es gratuita. No podemos salvarnos de nosotros mismos. La salvación es un regalo. Como escribe san Pablo, no se compra con «la sangre de los toros y machos cabríos» (Hebreos 10, 4). Y como no puede comprarse, para entrar en nosotros la salvación precisa que la acojamos con un corazón humilde, manso, obediente.

> ¡Oh virgen madre, hija de tu hijo,
> humilde y alta más que otra criatura,
> del consejo eternal término fijo,

tú ennobleciste a la humanal natura
hasta tan alto grado, que su autor
no ha desdeñado hacerse su factura.
En tu vientre encendióse aquel amor
cuyo calor hizo en la eterna paz
que germinase esta cándida flor.
Aquí nos eres meridiana faz
de caridad; y abajo, a los mortales,
hontanar de esperanza eres vivaz.
Dama, tú eres tan grande y tanto vales,
que quien pidiendo gracia a ti no corre
sin alas volar quiere a sus caudales.
No tu benignidad solo socorre
tras pedir, pues con santa libertad
antes del ruego mil veces acorre.
En ti misericordia, en ti piedad,
en ti magnificencia, en ti se aduna
cuanto en la criatura hay de bondad.

DANTE ALIGHIERI, *Paraíso* XXXIII, 1-21

Él nos amó primero

Su perdón y su salvación no son algo que hemos comprado o que podamos comprar con nuestras obras o esfuerzo. Él nos perdona y nos libera gratuitamente. Su entrega en la cruz es algo tan grande que no puede ni debe pagarse, solo acogerse con inmensa gratitud y alegría por recibir un amor tan grande incluso antes de imaginarlo: «Él nos amó primero» (1 Juan 4, 19).

Dios siempre da el primer paso hacia nosotros

Existe, por una parte, el movimiento de Dios hacia el mundo, hacia la humanidad —toda la historia de la salvación que culmina en Jesús—; por otra, el movimiento de los hombres hacia Dios —las religiones, la búsqueda de la verdad, el camino de los pueblos hacia la paz, la paz interior, la justicia y la libertad—. Se trata de un doble movimiento animado por una *atracción recíproca*. Pero ¿qué atrae a Dios hacia los hombres? El amor que siente por nosotros. Somos sus hijos, nos ama y quiere librarnos del mal, de las enfermedades, de la muerte, y llevarnos a su casa, a su reino. Dios, por pura gracia, nos atrae para que nos unamos a Él. Por parte nuestra, también hay amor, un deseo: el bien nos atrae siempre; la verdad, la vida, la felicidad, la belleza nos atraen… Jesús es el punto de encuentro de esta atracción recíproca, de este dúplice movimiento: es Dios y hombre. Pero ¿quién toma la iniciativa? ¡Siempre Dios! ¡El amor de Dios siempre viene primero! Es Él quien toma la iniciativa. Nos espera, nos invita. Jesús es Dios hecho hombre, encarnado, nacido por y para nosotros. La nueva estrella que apareció ante los magos era la señal del nacimiento de Cristo. Si no hubieran visto la estrella, no habrían emprendido el viaje. La luz nos precede, la verdad nos precede, la belleza nos precede. Dios nos precede. El profeta Isaías decía que Dios era como la flor del almendro. ¿Por qué? Porque en aquella tierra el almendro es el primero en florecer. Y Dios se anticipa siempre a nosotros, nos busca primero.

Da el primer paso. Su gracia nos precede y esta gracia apareció en Jesús.

Fuimos salvados por amor

Cristo, por amor, se dio a sí mismo, hasta las últimas consecuencias, para salvarnos. Sus brazos abiertos en la cruz son el signo más valioso de un amigo capaz de darlo todo: «Sabiendo Jesús que había llegado la hora de pasar de este mundo al Padre, Él, que había amado a los suyos que quedaban en el mundo, los amó hasta el fin» (Juan 13, 1).

Primeros pasos hacia la verdadera felicidad

Ayunar, es decir, aprender a cambiar nuestra actitud hacia los demás y las criaturas: de la tentación de *devorarlo* todo para saciar nuestra codicia a la capacidad de sufrir por amor, que puede colmar el vacío de nuestro corazón. *Rezar* para aprender a renunciar a la idolatría y a la autosuficiencia de nuestro yo y declararnos necesitados del Señor y de su misericordia. *Hacer limosnas* para librarnos de la estolidez de vivir y acumular para nosotros mismos —creyendo que así nos aseguramos un futuro que no nos pertenece— y recuperar la alegría del proyecto que Dios ha puesto en la creación y en nuestros corazones: amarlo a Él, a nuestros hermanos y al mundo entero para encontrar en este amor la verdadera felicidad.

El Cielo no se compra con dinero

Jesús, cuando predica la vida, cuenta cómo se nos juzgará. No dirá: «Tú, ven conmigo porque has hecho muchas donaciones a la Iglesia, eres un benefactor. Ven, ven conmigo al cielo». No. La entrada al cielo no se compra con dinero. Tampoco dirá: «Tú has estudiado mucho y has recibido muchos reconocimientos, eres alguien importante, ven al cielo conmigo». No. Los reconocimientos tampoco conducen al cielo.

¿Qué abre, según Jesús, las puertas del cielo? «Tuve hambre y me disteis de comer; tuve sed y me disteis de beber; estaba de paso y me alojasteis en vuestra casa; estaba desnudo y me vestisteis; estuve enfermo y me visitasteis; estuve preso y vinisteis a verme» (cfr. Mateo 25, 35-36). Jesús está en la humildad.

Ni el lujo ni el poder ni la riqueza

Ni el lujo ni la riqueza ni el poder son la llave de acceso al cielo. Es la humildad. Los más pobres, los enfermos, los presos, los más pecadores que se arrepientan entrarán primero. Ellos poseen la llave para abrir la puerta del cielo. Quien practica la caridad se deja abrazar por la misericordia del Señor.

> Oh esperanza, amable, indulgente,
> tú que no desdeñas la casa de los afligidos
> y, aunque noble, como sirviente actúas
> entre mortales y potencias celestes.

¿Dónde estás? Poco he vivido, mas ya alienta fría
mi noche y silencioso, como las sombras,
estoy aquí. Privado ya de cánticos
se adormece en mi pecho el corazón estremecido.
En el verde valle, allí donde la fresca fuente
de las montañas a diario mana y el hermoso
cólquico florece para mí en los días de otoño,
allí, en la calma, ¡oh clemente! Quiero
buscarte o cuando en la medianoche
la vida invisible bulle en los bosques
y sobre mí brillan esas flores
siempre alegres, las estrellas,
aparece entonces, oh tú, hija del éter,
desde el jardín de tu padre y, si no se te permite
acudir corno espíritu de la tierra, estremece,
¡oh estremece mi corazón bajo otra apariencia!

FRIEDRICH HÖLDERLIN, *Odas*

¿Qué debemos hacer?

El capítulo 3 del Evangelio de Lucas habla de la predicación de Juan el Bautista. Presenta varios grupos de personas que, impresionadas por sus palabras, le preguntan al Bautista: «¿Qué debemos hacer?» (Lucas, 3 10).

Esta pregunta no nace del sentido del deber, sino del corazón conmovido por el Señor; es el entusiasmo por su llegada lo que empuja a preguntar «¿Qué debemos hacer?». Juan responde: «El Señor está cerca». ¿Qué debemos hacer? Pongamos un ejemplo: imaginemos que una persona a la que le tenemos cariño venga a visitarnos. La esperamos con alegría, con impaciencia. Para darle la bienvenida arreglamos la casa, preparamos una buena comida, un regalo quizá… En definitiva, nos afanamos para recibirla. Con el Señor pasa lo mismo: la alegría que nos causa su llegada nos empuja a preguntar qué debemos hacer para recibirlo. Pero Dios eleva esta pregunta a un nivel más alto: ¿qué debo hacer con mi vida?, ¿cuál es mi vocación?, ¿qué me realiza?

Sugiriéndonos la pregunta, el Evangelio nos recuerda algo importante: la vida tiene una tarea para nosotros. La vida tiene sentido, no está a merced del azar. ¡No! Es un don que el Señor nos entrega diciéndonos: «¡Descubre quién eres y esfuérzate por realizar el sueño que es tu vida!». Cada uno de nosotros —no lo olvidemos— es una misión por realizar. Así que no tengamos miedo de preguntarle al Señor qué debemos hacer. Hagámosle esta pregunta a menudo. También se repite en la Biblia. En los Hechos de los apóstoles, a algunas personas que escuchaban a Pedro anunciar la resurrección de Jesús «se les traspasó el corazón, y preguntaron a Pedro y a los demás apóstoles: ¿Qué tenemos que hacer, hermanos?» (Hechos de los apóstoles 2, 37).

Preguntémonoslo también: ¿qué puedo hacer por mis hermanos y por mí?, ¿cómo puedo contribuir al bien de la Iglesia y de la sociedad?

El camino de la felicidad

Jesús es el Hijo convertido en instrumento, enviado al mundo para cumplir mediante la cruz el proyecto de salvación de todos nosotros. Su adhesión incondicional a la voluntad del Padre hace su humanidad transparente a la gloria de Dios, que es el amor.

Escuchad a Jesús. Él es el Salvador. Seguidlo. Escuchar a Cristo comporta asumir la lógica de su misterio pascual, ponerse en camino con Él para hacer de la propia existencia un don de amor para los demás, obedeciendo dócilmente la voluntad de Dios y con una actitud de desapego por las cosas mundanas, con libertad interior. Hay que estar dispuesto a «perder la propia vida» (cfr. Marcos 8, 35), donándola para la salvación de los hombres, para encontrar la felicidad eterna. El camino de Jesús siempre conduce a la felicidad. ¡No lo olvidéis! Siempre. Encontraremos obstáculos, cruces con las que cargar, pero al final siempre hallaremos la felicidad. Jesús no engaña, nos la prometió si seguíamos su camino.

Encomiéndate a la gratuidad del don de Dios

Si no te encomiendas a la gratuidad de la salvación del Señor, no estarás a salvo. Nadie merece la salvación. ¡Nadie! «Pero yo rezo, ayuno…». Sí, sin duda todo eso te hará bien, pero si no se sustenta en la gratuidad, no existirá posibilidad alguna. Somos estériles. Todos. Estériles para la vida de la gracia, estériles para ir al cielo, estériles para concebir la santidad. «Padre, yo soy católico, yo soy católica, voy a misa los domingos, pertenezco a varias asociaciones...». «Respóndeme, pues: ¿piensas que así comprarás la salvación? ¿Crees que eso te salvará?».

Solo te ayudará a salvarte si crees en la gratuidad del don de Dios. Todo es gracia.

Saber ver la gracia

«Mis ojos han visto tu salvación». Son las palabras que cada noche repetimos recitando las Completas. Con ellas concluimos la jornada diciendo: «Señor, mi Salvador eres tú, mis manos no están vacías, sino llenas de tu gracia». El punto de partida es *saber ver la gracia*. Mirar hacia atrás, releer la propia historia y ver el don fiel de Dios no solo en los grandes momentos de la vida, sino también en las fragilidades, en las debilidades, en las miserias. El tentador, el diablo, insiste precisamente en nuestras miserias, en nuestras manos vacías: «No mejoraste a lo largo de los años, no hiciste lo que podías, no te dejaron hacer aquello para lo que valías, no fuiste siempre fiel, no fuiste capaz...» y así sucesivamente. Todos conocemos muy bien estas palabras. Reconocemos que en parte son verdad y nos dejamos llevar por pensamientos y sentimientos que nos desorientan, y corremos el peligro de perder la brújula, que es la gratuidad de Dios. Porque Dios nos ama siempre y se ofrece a nosotros incluso en nuestras miserias. San Jerónimo daba muchas cosas al Señor y el Señor le pedía cada vez más. Entonces le dijo: «Pero, Señor, ya te he dado todo, todo, ¿qué me falta?». «Tus pecados y tus miserias, dame tus miserias», respondió Él.

Cuando mantenemos la mirada fija en Él, nos abrimos al perdón que nos renueva y su fidelidad nos confirma.

Él asintió.

«Muy sucintamente, yo le diría lo que sigue: los católicos afirman que a Dios se le puede percibir por medio de la razón y que del orden establecido en el universo se infiere la existencia de un principio ordenador, de un Espíritu, de una Inteligencia. ¿Me comprende? Dicen además que deducen otras cosas acerca de Dios. Por ejemplo, que Dios es amor, causa de la felicidad...».

«¿Y el dolor?», dijo ella.

El volvió a sonreír.

«Sí. Ese es, precisamente, el punto flaco».

«Pero ¿qué dicen a ese respecto?».

«Muy brevemente, dicen que el dolor es resultado del pecado...».

«¿Y el pecado? Dese cuenta, señor Francis, de que yo no sé nada de esto».

«Bueno, el pecado es la rebelión del hombre en contra de Dios».

«¿Qué quieren decir con eso?».

«Bueno, dicen que Dios deseaba ser amado por todas sus criaturas, y que por eso les dio la libertad, pues de lo contrario no habrían sido en verdad capaces de amar. Ahora bien, al ser libres, también cabía la posibilidad de que se negaran a amar y a obedecer a Dios, y eso es lo que se denomina el pecado. Ya ve usted que es una sarta de sandeces...».

Ella dio una mínima sacudida.

«Sí, sí —dijo ella—. Pero en realidad quiero llegar al fondo de lo que piensan. ¿O eso es todo?».

El señor Francis frunció los labios.

«Ni mucho menos —dijo él—. Eso apenas es lo que ellos denominan religión natural. Los católicos tienen muchas más creencias».

«¿Y bien?».

«Querida señora Brand, es imposible resumirlo en pocas palabras. Muy brevemente, creen que Dios se hizo hombre, que Jesús era Dios, y que lo hizo con el fin de salvarlos del pecado mediante el sacrificio de su muerte…».

«¿Soportando el dolor, quiere decir?».

«Sí, con la muerte. Lo que en realidad cuenta es lo que ellos llaman la Encarnación, todo lo demás fluye a partir de ahí».

ROBERT HUGH BENSON, *El señor del mundo*

Todo es gratuito, todo es gracia

La predicación evangélica nace de la gratuidad, del estupor de la salvación; lo que he recibido gratuitamente, debo darlo también gratuitamente.

«Gratuitamente habéis recibido, gratuitamente debéis dar»: palabras que contienen el don de la salvación. No podemos predicar y anunciar el reino de Dios sin esta convicción interior: todo es un don, todo es gracia.

El reino es como una semilla que Dios regala. Es un don gratuito.

El anuncio del Evangelio debe recorrer el camino de la pobreza, es un testimonio de ella. «No poseo riquezas, mi única riqueza es el don que he recibido de Dios. Su gratuidad es nuestra riqueza». Se trata de una pobreza que nos salva de convertirnos en personas mercantilistas. Hay que fomentar las obras de la Iglesia, pero hay que hacerlo con la pobreza en el corazón.

La puerta estrecha

El Evangelio de Lucas nos invita a reflexionar sobre el tema de salvación. Jesús sale de Galilea en dirección a Jerusalén y en el camino alguien se le acerca y le pregunta: «Señor, ¿son pocos los que se salvan?» (Lucas 13, 23). Jesús no responde directamente a la pregunta: no es importante saber cuántos se salvan, sino saber cuál es el camino de la salvación. Y he aquí entonces que, a la pregunta, Jesús responde diciendo: «Esforzaos en entrar por la puerta estrecha, pues os digo que muchos intentarán entrar y no podrán» (v. 24). ¿Qué quiere decir Jesús? ¿Cuál es la puerta por la que debemos entrar? Y ¿por qué Jesús habla de una puerta estrecha?

La imagen de la puerta se repite varias veces en el Evangelio y evoca la de la casa, el hogar donde encontramos seguridad, amor, calidez. Jesús nos dice que existe una puerta que nos hace entrar en la familia de Dios, en la calidez de la casa de Dios, de la comunión con Él. Esta puerta es Jesús mismo (cfr. Juan 10, 9). Él es la puerta. Él es el acceso a la salvación. Él conduce al Padre. Y la puerta, que es Jesús, nunca está cerrada, siempre está abierta a todos, sin distinción, sin exclusiones, sin privilegios. Porque Jesús no excluye a nadie. Quizá alguien tratará de replicar: «Pero, padre, seguramente yo estoy excluido porque soy un gran pecador y he hecho muchas cosas malas en la vida». ¡No, no estás excluido! Precisamente por eso eres el preferido, porque Jesús prefiere a los pecadores, siempre, para perdonarlos, para amarlos. Jesús te está esperando para abrazarte, para perdonarte. No tengas miedo: Él te espera. Anímate, ten valor para entrar por su puerta. Todos están invitados a cruzar esa puerta, a cruzar la puerta de la fe, a entrar en su vida, a hacerlo entrar en la nuestra para que Él la transforme, la renueve, le dé una alegría plena y duradera.

La luz o las tinieblas

La llegada de Jesús al mundo impone una elección: quien elige las tinieblas se enfrenta a una sentencia condenatoria; quien elige la luz, halla la salvación. El juicio es la consecuencia de la libre elección de cada uno: quien practica el mal, busca las tinieblas, pues el mal siempre se esconde, se camufla; quien practica el bien, sale a la luz, ilumina los caminos de la vida. Las personas que caminan en la luz, que se acercan a la luz, solo pueden hacer buenas obras. Es lo que estamos llamados a hacer con más ahínco en tiempo de Cuaresma: acoger la luz en nuestra conciencia para abrir nuestros corazones al amor infinito de Dios, a su misericordia llena de ternura y de bondad, a su perdón. No olvidéis que Dios perdona siempre cuando se le pide con humildad. Es suficiente pedir perdón para obtenerlo. De esta manera, encontraremos la verdadera alegría y podremos gozar del perdón de Dios, que regenera y da vida.

El recuerdo y la memoria

Todos poseemos memoria de la salvación, pero ¿esta memoria está cerca de nosotros o se trata de una memoria algo lejana, algo así como un objeto de museo? Cuando la memoria no está viva se transforma poco a poco en un simple recuerdo. De ahí que Moisés dijera a su pueblo: «Volved al templo cada año, ofreced los frutos de la tierra, pero recordad siempre de dónde venís, cómo fuisteis salvados». Cuando la memoria está cercana suceden dos cosas: nos arropa el corazón y nos da alegría. La memoria domesticada, en cambio, la que se aleja y se convierte en un simple recuerdo, ni arropa el corazón ni da alegría ni fuerza.

El encuentro con la memoria es un suceso de salvación, un encuentro con el amor de Dios que ha hecho la historia con nosotros y nos ha salvado. Y ser salvados es tan hermoso que hay que celebrarlo. Cuando Dios llega, cuando se acerca, siempre hay que celebrarlo. Sin embargo, los cristianos solemos temer esa alegría y la vida nos lleva a mantener solo el recuerdo de la salvación, no a mantener viva la memoria. El Señor nos dijo: «Haced esto en memoria mía» (Lucas 22, 19), pero nosotros, a veces, la alejamos y la transformamos en un recuerdo, en algo habitual. Por eso, pidámosle al Señor que nos conceda la gracia de mantener cercana su memoria. Una memoria cercana, no domesticada por la costumbre, no convertida en un simple recuerdo.

Los desiertos de hoy

La voz del Bautista grita también hoy en los desiertos de la humanidad —las mentalidades cerradas y los corazones duros son los desiertos de hoy— y nos empuja a preguntarnos si en realidad vamos por buen camino, viviendo una vida según el Evangelio. Hoy, como entonces, nos advierte con las palabras del profeta Isaías: «¡Preparad el camino al Señor!» (cfr. Isaías 40, 3). Es una invitación apremiante a abrir el corazón y acoger la salvación que Dios nos ofrece incesantemente, casi con terquedad, porque nos quiere libres de la esclavitud del pecado. Pero el texto del profeta expande esa voz, preanunciando que «todo hombre verá la salvación de Dios» (cfr. v. 5). Y ofrece la salvación a todos los hombres y a todos los pueblos, sin excepción, a cada uno de nosotros. Nadie puede afirmar: «Yo soy santo, yo soy perfecto, yo ya estoy salvado». No. Todo el mundo debe aceptar este ofrecimiento de salvación.

La quimera de salvarse solos

El Señor no nos salva con una carta, con una ley, sino con su amor. Se hizo uno de nosotros y caminó entre nosotros. «En la Pascua has hecho dos cosas: restablecer la dignidad perdida del hombre y darnos la esperanza». Esta es la salvación. Se trata de una dignidad que camina hacia delante, que va al encuentro definitivo con Él. Este es el camino de la salvación que solo el amor puede allanar. Seamos dignos, hombre y mujeres de esperanza.

Sin embargo, a veces creemos que podemos salvarnos solos, creemos que podremos conseguirlo. «Yo me salvo a mí mismo. Me salvo con mi dinero. Estoy seguro, tengo dinero y eso lo resuelve todo. Tengo dignidad, la dignidad de una persona rica». Pero eso no es suficiente. Pongamos como ejemplo la parábola del Evangelio, la del hombre cuyo granero está lleno y dice: «Construiré otro para tener más y luego dormiré tranquilo» (cfr. Lucas 12, 18-19). Y el Señor le responde: «¡Necio! Esta noche morirás» (v. 20). Su salvación no sirve, es pasajera, aparente, como las veces que, creyéndonos poderosos, tenemos la vana ilusión de que nos salvarán la presuntuosidad y el orgullo tras los cuales ocultamos nuestra pobreza y nuestros pecados.

[…] la verdadera vida bienaventurada, en la que no se admite mal alguno, en la que jamás se pierde el Sumo Bien […] es el premio de los justos. Con la esperanza de alcanzarlo, llevamos, más bien con tolerancia que con gozo, esta vida temporal y mortal. Toleramos con fortaleza sus males, tanto con el buen consejo como con el favor de Dios, porque ya nos gozamos con la fiel promesa divina de los bienes eternos y en nuestra fiel expectación de ellos. Exhortándonos a ello, dice el apóstol Pablo: «Gozando en la esperanza, sufriendo en la tribulación». Así nos explica el padecer en la tribulación, hablándonos antes del gozar en la esperanza […]

Si, pues, nos deleita la virtud verdadera, digámosle lo que leemos en las sagradas Letras: «Te amaré, Señor, fortaleza mía».

Y si de verdad queremos ser bienaventurados —aunque no podemos no quererlo—, retengamos en un fiel corazón lo que en las mismas Letras aprendimos: «Bienaventurado el hombre cuya esperanza es el nombre del Señor y no sigue las vanidades y locuras embusteras».

San Agustín, *Carta 155*

Preguntémosle a esa chismosa de nuestra alma

A menudo andamos atareados; nos ocupamos de muchas cosas, también buenas, pero ¿qué ocurre en nuestro interior? ¿Quién nos inspira a hacer una cosa en vez de otra? ¿Cuál es nuestra tendencia espiritual? Nuestra vida suele ser como callejear: cuando vamos por la calle solo nos fijamos en lo que nos interesa y ni siquiera miramos lo demás.

La lucha siempre es entre la gracia y el pecado, entre el Señor, que quiere salvarnos y alejarnos de esta tentación, y el mal espíritu, que quiere doblegarnos para vencernos. Es importante saber qué ocurre en nuestro interior. Es importante vivir un poco de puertas para dentro y no permitir que nuestra alma se convierta en una calle transitada.

Antes de concluir la jornada concédete unos minutos para preguntarte: «¿Hoy ha ocurrido algo importante en mi interior? Ah, sí. He sentido odio, he criticado a alguien, he hecho alguna obra de caridad…». ¿Quién te ha ayudado a hacer estas cosas, tanto las buenas como las malas? Hagámonos estas preguntas para saber qué ocurre en nuestro interior. A veces, gracias a esa alma chismosa que todos tenemos, sabemos lo que pasa en nuestro barrio o en casa de los vecinos, pero no sabemos lo que sucede dentro de nosotros.

La verdadera caída es no dejarse ayudar

Jesús nos salva porque nos ama y no puede evitar hacerlo. Podemos ofenderlo de todas las maneras, Él sigue amándonos y nos salva. Porque solo lo que se ama puede ser salvado y solo lo que se abraza puede ser transformado. El amor del Señor es más grande que todas nuestras contradicciones, fragilidades y mezquindades. Pero es precisamente a través de nuestras contradicciones, fragilidades y mezquindades que Él quiere escribir esta historia de amor. Abrazó al hijo pródigo y a Pedro tras haberlo renegado. Él nos abraza siempre tras nuestras caídas y nos ayuda a levantarnos, a ponernos de pie. Porque la verdadera caída —prestad atención—, la que puede destrozarnos la vida, es quedarnos en el suelo y no aceptar la ayuda que nos ofrece.

La misericordia y la verdad se han encontrado. La justicia y la dicha se besarán mutuamente. En nuestra humana debilidad y miopía creemos que debemos hacer una elección en esta vida. Y temblamos ante el riesgo que corremos. Nuestra elección no importa nada. Llega un tiempo en el que se abren nuestros ojos y llegamos a comprender que la gracia es infinita y lo maravilloso, lo único que debemos hacer, es esperarla con confianza y recibirla con gratitud. La gracia no pone condiciones y, mirad, lo que hemos elegido nos es concedido y lo que rechazamos nos es dado. Incluso se nos devuelve aquello que tiramos. Porque la misericordia y la verdad se han encontrado. Y la justicia y la dicha se besarán.

GABRIEL AXEL, *El festín de Babette*, 1987

Permite a su amor infinito ponerte en pie de nuevo

Aquel Cristo que en la cruz nos salvó de nuestros pecados sigue salvándonos y redimiéndonos hoy en día con el mismo poder de su entrega absoluta. Mira su cruz, aférrate a Él, déjate salvar, porque «los que se dejan salvar por Él quedan libres de pecado, de tristeza, de vacío interior, de aislamiento». Y si pecas y te alejas, Él te levantará de nuevo con el poder de su cruz. Nunca olvides que Él te perdonará setenta veces siete. Volverá a echarte sobre sus hombros una y otra vez. Nadie podrá quitarnos la dignidad que nos confiere su amor infinito e inquebrantable. Él, con una ternura que nunca decepciona y que siempre nos restituye la alegría, nos permite levantar la cabeza y volver a empezar.

La alegría de ser salvados

Jesús entra en Jerusalén para morir en la cruz. Y es precisamente ahí donde reside y resplandece su ser rey según Dios: ¡su trono real es la madera de la cruz! Pero ¿por qué la cruz?

Porque Jesús carga con el mal, la iniquidad y los pecados del mundo, también los nuestros, los de todos, y los lava con su sangre, con la misericordia, con el amor de Dios. Miremos a nuestro alrededor: ¡cuántas heridas inflige el mal a la humanidad! ¡Guerras, violencia, conflictos económicos que pagan los más débiles, sed de dinero, amor por el poder, corrupción, desacuerdos, crímenes contra la vida humana y contra la creación! Y también —cada uno de nosotros los conoce y sabe cuáles son— nuestros pecados personales: la falta de amor y de respeto hacia Dios, hacia el prójimo y hacia la creación entera. Jesús, en la cruz, siente todo el peso del mal y lo vence con la fuerza del amor de Dios, lo derrota con su resurrección. Este es el bien que Jesús nos hace a todos en el trono de la cruz. La cruz de Cristo abrazada con amor nunca conduce a la tristeza, sino a la alegría, la alegría de ser salvados.

¡Sé santo!

Para ser santos no es necesario ser obispos, sacerdotes, religiosas o religiosos. A menudo tenemos la tentación de creer que la santidad está reservada a quienes tienen la posibilidad de mantenerse a distancia de las ocupaciones ordinarias y dedican mucho tiempo a la oración. No es así. Todos estamos llamados a ser santos viviendo con amor y ofreciendo nuestro testimonio en la vida cotidiana, sea cual sea. ¿Eres un religioso? Sé santo viviendo tu vocación con alegría. ¿Estás casado? Sé santo amando y cuidando a tu mujer o a tu marido como Cristo hace con la Iglesia. ¿Eres un trabajador? Sé santo al cumplir con honradez y diligencia con tu trabajo al servicio de tus hermanos. ¿Eres padre o abuelo? Sé santo enseñando con paciencia a los niños a seguir a Jesús. ¿Tienes autoridad? Sé santo luchando a favor del bien común y renunciando a tus intereses personales.

No tengas miedo de la santidad

No tengas miedo de la santidad. No te restará fuerzas, vida, alegría. Todo lo contrario, porque llegarás a ser todo lo que el Padre pensó para ti cuando te creó y serás fiel a tu esencia. Depender de Él nos libera de la esclavitud y nos ayuda a reconocer nuestra dignidad.

No tengas miedo de apuntar alto

No tengas miedo de apuntar más alto, de dejarte amar y liberar por Dios. No tengas miedo de dejarte guiar por el Espíritu Santo. La santidad no te hace menos humano porque es el punto de unión entre tu debilidad y la fuerza de la gracia.

En la prueba, miremos hacia delante

Escribe Pedro: «Lo mismo que es santo el que os llamó, sed santos también vosotros en toda vuestra conducta, porque está escrito: "Seréis santos, porque yo soy santo"» (1 Pedro 1, 15-16).

Aunque no es fácil ser santo como nuestro Padre del cielo, el modelo de santidad es sencillo. A menudo pensamos en la santidad como algo extraordinario, como tener visiones u orar de manera elevadísima. Hay quien piensa que ser santo significa tener un rostro de estampita. Ser santo es otra cosa. Es caminar hacia la santidad, caminar hacia la luz, hacia la gracia que viene a nuestro encuentro. Es curioso, porque cuando caminamos hacia la luz muchas veces esta nos deslumbra y no distinguimos el camino, pero no nos equivocamos porque sabemos que lo correcto es seguirla.

Caminar hacia la luz es caminar hacia la santidad, y aunque no siempre se distinga bien, el camino la luz nos guía hacia la esperanza. Caminar hacia la santidad es tender al encuentro con Jesucristo.

Pero para caminar así es necesario ser libres y sentirse libres, y hay muchas cosas que nos esclavizan. A este propósito Pedro nos da un consejo: «Como hijos obedientes, no os amoldéis a las apetencias de antes, del tiempo de vuestra ignorancia» (v. 14). No os conforméis, no os ajustéis a los esquemas del mundo, a la forma de pensar mundana, al modo de pensar y de juzgar que el mundo os ofrece, porque eso os quita la libertad.

Para perseguir la santidad es necesario ser libres, libres de caminar mirando la luz, de seguir adelante. Cuando volvemos a la manera de vivir que teníamos antes del encuentro con Jesucristo o cuando volvemos a los esquemas del mundo, perdemos la libertad.

En el momento de la prueba siempre tenemos la tentación de mirar atrás, de volver la vista a los esquemas del mundo que hacen que perdamos la libertad. Y sin libertad no se puede ser santo: la libertad es la condición para poder caminar mirando la luz que brilla ante nosotros.

Y tú, ¿qué haces cuando se te pone a prueba? ¿Sigues mirando hacia delante o pierdes la libertad refugiándote en los esquemas mundanos que todo prometen pero que no dan nada?

Pidamos la gracia de entender cuál es el camino de la santidad, el camino de la libertad que tiende a la esperanza del encuentro con Jesús.

No os convirtáis en esclavos de la falsa libertad

A pesar de que la palabra «redención» se usa poco, es fundamental porque indica la liberación más radical que Dios podía realizar por nosotros, por toda la humanidad y por toda la creación. Parece que al hombre de hoy ya no le gusta pensar que ha sido liberado y salvado por intervención divina; el hombre de hoy, en efecto, se hace la ilusión de que la propia libertad es la fuerza para obtenerlo todo. Y presume de ello. En realidad, no es así. ¡Cuántas fantasías son vendidas bajo el pretexto de la libertad y cuántas nuevas esclavitudes se crean en nuestros días en nombre de una falsa libertad! Hay muchos, muchos esclavos: «Yo hago esto porque quiero; yo consumo droga porque me gusta; soy libre; yo hago esto otro...». ¡Son esclavos! Se convierten en esclavos en nombre de la libertad. Todos conocemos a personas así, que al final acaban derrotadas. Necesitamos que Dios nos libre de toda clase de indiferencia, egoísmo y autosuficiencia.

Compartir es la verdadera felicidad

Dios no se revela con los medios del poder y la riqueza del mundo, sino con los de la debilidad y la pobreza: «Siendo rico, se hizo pobre por vosotros...» (2 Corintios 8, 9). Cristo, el Hijo eterno de Dios, igual al Padre en poder y gloria, se hizo pobre, bajó entre nosotros y se acercó a cada uno de nosotros; se desnudó, se *vació* para ser en todo semejante a nosotros. ¡Qué gran misterio la encarnación de Dios! La razón de todo esto es el amor divino, un amor que es gracia, generosidad, deseo de proximidad, y que no duda en ofrecerse y sacrificarse por las criaturas a las que ama. La caridad y el amor es compartir la suerte del ser amado. El amor nos hace semejantes, crea igualdad, derriba los muros y acorta distancias. Eso es lo que Dios hizo por nosotros.

La finalidad de Jesús al hacerse pobre no es la pobreza en sí misma, sino —dice san Pablo— «enriqueceros con su pobreza» (v. 9). No se trata de un juego de palabras ni de una expresión para causar sensación. Es, en cambio, una síntesis de la lógica de Dios, la lógica del amor, la lógica de la encarnación y la cruz. Dios no hizo caer sobre nosotros la salvación desde lo alto, como si fuera la limosna de quien da parte de lo que para él es superfluo con aparente piedad filantrópica. ¡El amor de Cristo no es así! Cuando Jesús entra en las aguas del Jordán y acepta el bautismo de Juan el Bautista no lo hace porque necesita penitencia o conversión, lo hace para estar entre la gente necesitada de perdón, entre nosotros, los pecadores, y cargar con el peso de nuestros pecados. Este es el camino que ha elegido para consolarnos, salvarnos, liberarnos de nuestra miseria. Nos sorprende que el apóstol diga que no fuimos liberados por medio de la riqueza de Cristo, *sino por su pobreza*.

¿Qué es, pues, esta pobreza con la que Jesús nos libera y nos enriquece? Es precisamente su modo de amarnos, de estar cerca de nosotros, como el buen samaritano que se acerca al hombre abandonado agonizante al borde del camino. Lo que nos da verdadera libertad, verdadera salvación y verdadera felicidad es su amor lleno de compasión, de ternura, que quiere compartir con nosotros. La pobreza de Cristo que nos enriquece consiste en el hecho de que se hizo carne, cargó con nuestras debilidades y nuestros pecados y nos transmitió la misericordia infinita de Dios.

Aprendamos a aceptar nuestra fragilidad

La historia de la salvación se cumple creyendo «contra toda esperanza» (Romanos 4, 18) a través de nuestras debilidades. Muchas veces pensamos que Dios solo confía en nuestro lado bueno y luminoso cuando en realidad la mayoría de sus designios se realizan a través de nuestras debilidades y a pesar de ellas. De ahí que san Pablo afirme: «Para evitar que me volviera presumido, una espina me fue clavada en el cuerpo, es decir, un mensajero de Satanás, para que me atormentara. Tres veces le rogué al Señor que me la quitara, pero él me dijo: "¡Te basta mi gracia, pues mi poder se manifiesta plenamente en la debilidad"» (2 Corintios 12, 7-9).

Si este es el medio para un resultado óptimo, debemos aprender a aceptar nuestra debilidad con intensa ternura.

El maligno nos hace mirar nuestra fragilidad con un juicio negativo, mientras que el Espíritu la saca a la luz con ternura, y la ternura es la mejor manera para tocar lo frágil que hay en nosotros. El dedo que señala y juzga a los demás es a menudo un signo de nuestra incapacidad para aceptar nuestra propia debilidad, nuestra propia fragilidad. Solo la ternura nos salvará de la obra del acusador. Por esta razón es importante encontrarnos con la misericordia de Dios, especialmente en el sacramento de la reconciliación mediante una experiencia de verdad y ternura. Paradójicamente, incluso el maligno puede decirnos la verdad, pero si lo hace es para condenarnos. Sabemos, sin embargo, que la verdad que viene de Dios no nos condena, sino que nos acoge, nos abraza, nos sostiene, nos perdona.

La gracia de Dios cambia nuestros corazones

¡Qué inescrutables son los caminos del Señor! Lo vemos cada día, pero sobre todo cuando pensamos en los momentos en que el Señor nos ha llamado. Nunca debemos olvidar cuándo y de qué manera Dios entró en nuestras vidas; debemos mantener vivo en el corazón y en la mente aquel encuentro con la gracia, cuando Dios cambió nuestra existencia.

Cuántas veces, ante las grandes obras del Señor, surge espontánea la pregunta: pero ¿cómo es posible que Dios se sirva de un pecador, de una persona frágil y débil para realizar su

voluntad? No es casual porque todo forma parte de los designios de Dios. Él teje nuestra historia, la historia de cada uno de
nosotros, de ahí que si no correspondemos con confianza a su
plan de salvación, lo percibimos. La llamada siempre implica
una misión para la que estamos destinados, por eso se nos
pide que nos preparemos a conciencia, porque es Dios quien
nos invita, Dios quien nos sostiene con su gracia. Hermanos y
hermanas, dejémonos guiar por esta certeza: la primacía de la
gracia transforma la existencia y la hace digna de ponerse al
servicio del Evangelio. La primacía de la gracia cubre todos los
pecados, cambia los corazones, cambia la vida y nos abre nuevos caminos. ¡No lo olvidemos!

El amor siempre es libertad

Se ha cumplido el tiempo de la salvación porque ha llegado
Jesús. Sin embargo, la salvación no es automática; la salvación
es un don de amor, y como tal se ofrece a la libertad humana.
Cuando se habla de amor, siempre se habla de libertad. Un
amor sin libertad no es amor; puede ser interés, puede ser
miedo, pero no amor. El amor siempre es libre y, siendo libre,
requiere una respuesta libre, requiere nuestra conversión. Se
trata de cambiar de mentalidad —esta es la conversión, cambiar de mentalidad— y de cambiar de vida, de dejar de seguir
los modelos que el mundo nos propone para seguir el modelo
de Dios.

Perdón, amor y alegría

Convirtiéndose en uno de nosotros, Jesús no solo asume nuestra condición humana, sino que nos eleva a la oportunidad de ser hijos de Dios. Con su muerte y resurrección, Jesucristo, Cordero sin mancha, ha vencido a la muerte y al pecado para liberarnos de su dominio. Él es el Cordero que se ha sacrificado por nosotros, para que pudiésemos recibir una nueva vida llena de perdón, amor y alegría. Qué bonitas son estas tres palabras: perdón, amor y alegría. Todo esto que Él asumió fue también redimido, liberado y salvado. Cierto es que la vida nos pone a prueba y a veces sufrimos por ello, pero en esta época estamos invitados a dirigir la mirada hacia Jesús crucificado, que sufre por nosotros y con nosotros, como prueba irrefutable de que Dios no nos abandona. Nunca olvidemos que incluso en la angustia y la persecución, en las aflicciones cotidianas, la mano misericordiosa de Dios nos eleva hacia Él y nos conduce a una vida nueva.

Redimidos y salvados por amor

El amor de Dios no tiene límites: podemos descubrir señales siempre nuevas de su atención por nosotros y, sobre todo, de su voluntad de alcanzarnos y precedernos. Toda nuestra vida, incluso viéndose marcada por la fragilidad del pecado, está bajo la mirada de Dios que nos ama. ¡Cuántas páginas de las Sagradas Escrituras hablan de la presencia, de la cercanía y de la ternura de Dios por cada hombre, especialmente por los insignificantes, los pobres y los atormentados! Dios siente una gran ternura, un gran amor, por los necesitados, por los más débiles, por los marginados de la sociedad. Cuanto más necesitados nos encontramos, más misericordiosa es su mirada. Dios experimenta una compasión llena de piedad hacia nosotros porque conoce nuestras debilidades. Conoce nuestros pecados y nos perdona; ¡perdona siempre! Es muy bueno, es muy bueno nuestro Padre.

Por ello, abrámonos a Él, ¡acojamos su gracia! Porque, como dice el salmo, «del Señor viene la misericordia y grande es su redención».

De nuestras heridas nacen perlas

María era prácticamente una adolescente. Sin embargo, en el *Magníficat* alaba a su pueblo, su historia. Esto nos enseña que ser joven no significa estar desconectado del pasado. Nuestra historia personal forma parte de una larga estela, de un camino comunitario que nos ha precedido durante siglos. Como María, pertenecemos a un pueblo. Y la historia de la Iglesia nos enseña que, incluso cuando tiene que cruzar mares revueltos, la mano de Dios lo guía, lo ayuda a superar momentos difíciles. La verdadera experiencia en la Iglesia no es como una quedada en la que se participa para realizar una actividad improvisada y luego cada uno se va a su casa y adiós muy buenas. La Iglesia posee una larga tradición que se transmite de generación en generación y al mismo tiempo se enriquece con la experiencia de cada individuo. Vuestra historia también tiene un lugar dentro de la historia de la Iglesia.

Convertir en memoria el pasado también sirve para recibir las obras nuevas que Dios quiere hacer en nosotros y a través de nosotros. Y nos ayuda a abrirnos como instrumentos suyos, colaboradores de sus proyectos salvíficos. Vosotros, los jóvenes, también podéis hacer grandes cosas y asumir grandes responsabilidades si reconocéis en vuestra vida la acción misericordiosa y omnipotente de Dios.

¿Cómo «guardáis» en vuestra memoria los acontecimientos, las experiencias de vuestra vida? ¿Qué hacéis con los hechos y las imágenes grabados en vuestros recuerdos? A algunos especialmente heridos por las circunstancias de la vida les gustaría «reiniciar» su pasado, ejercer el derecho al olvido. Pero quisiera recordaros que no hay santo sin pasado ni pecador sin futuro. ¡La perla nace de una herida en la ostra! Jesús, con su amor, puede sanar nuestros corazones y transformar nuestras heridas en auténticas perlas.

Cada instante de la vida es tiempo valioso

El mensaje de Jesús nos invita a reconocernos necesitados de Dios y de su gracia; a mantener una actitud equilibrada frente a los bienes terrenos; a ser acogedores y humildes con todos; a conocernos a nosotros mismos y a realizarnos mediante el encuentro y el servicio a los demás. Para cada uno de nosotros, el tiempo durante el que podemos acoger la redención es breve: es la duración de nuestra vida terrenal. Y la vida es un don del infinito amor de Dios, pero es también el tiempo de comprobar nuestro amor por Él. Por eso, cada momento, cada instante de nuestra existencia, es un tiempo valioso para amar a Dios y al prójimo, y ganar así la vida eterna.

La historia de nuestra vida tiene dos ritmos: uno, que se puede medir, hecho de horas, días y años; otro formado por las estaciones de nuestro desarrollo: infancia, adolescencia, madurez, vejez y muerte. Cada etapa, cada fase, tiene un valor propio y puede ser un momento privilegiado de encuentro con el Señor. La fe nos ayuda a descubrir el significado espiritual de cada una de estas fases, que contiene una llamada especial del Señor a la que podemos dar una respuesta positiva o negativa. En el Evangelio vemos cómo respondieron Simón, Andrés, Santiago y Juan: eran hombres maduros, eran pescadores, tenían familia... Sin embargo, cuando Jesús pasó y los llamó, «enseguida dejaron las redes y lo siguieron» (Marcos 1, 18).

Mantengámonos alerta y no dejemos pasar a Jesús sin recibirlo. San Agustín decía: «Tengo miedo de Dios cuando pasa». ¿Miedo de qué? De no reconocerlo, de no verlo, de no acogerlo.

Si para recobrar lo recobrado
debí perder primero lo perdido,
si para conseguir lo conseguido
tuve que soportar lo soportado,

si para estar ahora enamorado
fue menester haber estado herido,
tengo por bien sufrido lo sufrido,
tengo por bien llorado lo llorado.

Porque después de todo he comprobado
que no se goza bien de lo gozado
sino después de haberlo padecido.

Porque después de todo he comprendido
que lo que el árbol tiene de florido
vive de lo que tiene sepultado.

FRANCISCO LUIS BERNÁRDEZ, *Si para recobrar lo recobrado*

Las flores más hermosas entre las piedras más áridas

Aunque seamos pecadores —todos lo somos—, aunque nuestros buenos propósitos se hayan convertido en papel mojado o si al repasar nuestras vidas nos damos cuenta de que son una suma de fracasos…, en la mañana de Pascua podemos hacer como esas personas de las que habla el Evangelio: ir al sepulcro de Cristo, ver la gran piedra volcada y pensar que Dios está realizando para mí, para todos nosotros, un futuro inesperado. Ser consciente de que Dios es capaz de resurgir de ahí. Aquí hay felicidad, aquí hay alegría, hay vida donde todos creían que solo había tristeza, derrota y tinieblas. Dios hace crecer las flores más hermosas entre las piedras más áridas.

II

La felicidad se regala

Hacia la cima, hacia una gran meta

Amigo, no estás hecho para ir tirando, para pasarte los días dosificando deberes y placeres, estás hecho para volar alto, hacia los deseos más verdaderos y hermosos que guardas en el corazón, hacia Dios para amarlo y hacia el prójimo para servirlo. No creas que los grandes sueños de la vida son cielos inalcanzables. Estás hecho para levantar el vuelo, para abrazar la valentía de la verdad y fomentar la belleza de la justicia, para «elevar tu temple moral, ser compasivo, servir a los demás y construir relaciones», para sembrar paz y delicadeza allá donde te encuentres, para encender el entusiasmo de los que te rodean, para ir más allá, no para igualarlo todo.

Pero —podrías objetar— vivir así es más arduo que volar. Desde luego, fácil no es, porque la *fuerza de gravedad espiritual* que tira de nosotros hacia abajo siempre está al acecho para paralizar los deseos, para debilitar la alegría. Piensa entonces en la golondrina del Ártico, que en Argentina llamamos *charrán*, que no permite que los vientos contrarios o los cambios de temperatura le impidan ir de un lado a otro de la Tierra; a veces elige atajos o se desvía para adaptarse, pero siempre tiene clara la meta, siempre persigue su destino.

Encontrarás gente que intentará borrar tus sueños, que te dirá que te conformes con poco, que luches solo por lo que te conviene. Entonces te preguntarás: ¿por qué tengo que esforzarme por algo en lo que los demás no creen? Y también: ¿cómo puedo volar en un mundo que cae cada vez más bajo a fuerza de escándalos, guerras, corrupción, injusticias, destrucción del medioambiente, indiferencia hacia los más débiles y mal ejemplo de quienes deberían darlo bueno? Ante estas preguntas, ¿cuál es la respuesta?

Tú eres la respuesta. Tú, hermano, tú, hermana.

No solo porque si te rindes ya has perdido, sino porque el futuro está en tus manos; en tus manos está la comunidad que te ha visto nacer, el ambiente en el que vives, la esperanza de tus coetáneos, de quienes aún sin pedírtelo esperan de ti el bien original e irrepetible que puedes introducir en la historia, porque «cada uno de nosotros es único».

El mundo que habitas es la riqueza que has heredado; ámalo, como te ha amado quien te ha dado la vida y las alegrías más grandes, como te ama Dios, que ha creado para ti todo lo bello que existe y no deja de confiar en ti ni siquiera por un brevísimo instante. Él cree en los talentos que te ha entregado. Cada vez que lo busques comprenderás que el camino que te llama a recorrer tiende siempre hacia lo alto. Lo advertirás cuando rezando mires al cielo y sobre todo cuando alces la mirada al crucifijo. Entenderás que, desde la cruz, Jesús nunca te señala con el dedo, sino que te abraza y te anima, porque cree en ti incluso cuando tú mismo has dejado de hacerlo. Así que nunca pierdas la esperanza, lucha, dalo todo y no te arrepentirás. Sigue adelante, «un paso tras otro hacia lo mejor».

Configura el navegador de tu existencia hacia una meta grande, ¡hacia lo alto!

No es difícil morir bien, lo difícil es vivir bien.

[Padre Pietro antes de ser fusilado por los nazis]

ROBERTO ROSSELLINI, *Roma, ciudad abierta*, 1945

Convertirse en instrumentos de misericordia

Desear estar cerca de Cristo exige acercarse a los hermanos, porque nada agrada más al Padre que un signo concreto de misericordia. Por su misma naturaleza, la misericordia se hace visible y tangible en una acción concreta y dinámica. Una vez que se ha experimentado su verdad, no se puede volver atrás: crece continuamente y transforma la vida. Es una autentica nueva creación que obra un corazón nuevo, capaz de amar en plenitud, y purifica los ojos para que sepan ver las necesidades más ocultas. Qué verdaderas son las palabras con las que la Iglesia ora en la vigilia pascual, después de la lectura que narra la creación: «Oh Dios, que con acción maravillosa creaste al hombre a tu imagen y con mayor maravilla lo redimiste».

La misericordia *renueva* y *redime* porque es la unión de dos corazones: el de Dios, que sale al encuentro, y el del hombre.

El del hombre se caldea en presencia del de Dios, que lo sana: el corazón de piedra se transforma en corazón de carne capaz de amar a pesar de su pecado. Es aquí donde toma conciencia de ser una *criatura nueva*: soy amado, luego existo; he sido perdonado, luego renazco a una vida nueva; he sido objeto de misericordia, luego me convierto en instrumento de misericordia.

Sembrar la paz

«Bienaventurados los que trabajan por la paz, porque ellos serán llamados hijos de Dios» (Mateo 5, 9). Observemos las caras de los que van por ahí sembrando cizaña. ¿Son felices? Esos que siempre buscan ocasiones para estafar, para aprovecharse de los demás, ¿son felices? No, no pueden serlo. En cambio, los que cada día, con paciencia, tratan de sembrar la paz, son artesanos de la paz, de la reconciliación, esos sí que son felices, porque son hijos verdaderos de nuestro Padre del cielo, que siembra siempre la paz, a tal punto que mandó al mundo a su Hijo como semilla de paz para la humanidad.

Que cada cual escrute en su interior y se confiese a sí mismo sus pecados incansablemente. No temáis por vuestro pecado, por convencidos que estéis de él, con tal de que os arrepintáis, pero no pongáis condiciones a Dios. Os digo una vez más que no os enorgullezcáis ante los pequeños ni ante los grandes. No odiéis a los que os rechazan y os deshonran, os insultan y os calumnian. No odiéis a los ateos, a los maestros del mal, a los materialistas; no odiéis ni a los peores de ellos, pues muchos son buenos, sobre todo en esta época. Acordaos de ellos en vuestras oraciones: Decid: «Salva, Señor, a esos por los que nadie ruega; salva a esos que no quieren rogar por Ti». Y añadid: «No te dirijo este ruego por orgullo, Señor, pues yo soy tan vil como todos ellos…».

[…]

Tened fe, mantened en alto y con mano firme vuestro estandarte…

FIÓDOR DOSTOIEVSKI, *Los hermanos Karamázov*

La fuerza de cambiar las cosas

En los años que fui obispo aprendí una cosa: no hay nada más hermoso que contemplar las ganas, la entrega, la pasión y la energía con que muchos jóvenes viven la vida. ¿De dónde viene esta belleza? Cuando Jesús toca el corazón de un joven, de una joven, estos son capaces de actos verdaderamente grandiosos. Es estimulante escucharlos, compartir sus sueños, sus interrogantes y sus ganas de rebelarse contra todos los que afirman que las cosas no pueden cambiar, esos a los que yo llamo *quietistas*, los de «nada puede cambiar».

Es un regalo del cielo ver que muchos de vosotros tratáis de cambiar las cosas. Es hermoso y me conforta el corazón veros tan llenos de vida. La Iglesia os mira y quiere aprender de vosotros para renovar su confianza en la misericordia del Padre, cuyo rostro siempre joven no deja de invitarnos a formar parte de su reino, que es un reino de alegría, de felicidad, es un reino que siempre nos conduce adelante y es capaz de darnos la fuerza de cambiar las cosas.

Alimentad grandes ideales

Sabed que Jesús os ama: es un amigo sincero y fiel que nunca os abandonará; ¡podéis confiar en él! En los momentos de duda —de jóvenes todos hemos tenido momentos difíciles, de duda—, en los tiempos duros, podéis contar con la ayuda de Jesús, especialmente para alimentar vuestros grandes ideales.

Más de una vez he escuchado a algún joven decir: «Yo de Dios me fío, pero de la Iglesia no». Pero ¿por qué?, pregunto. «Porque soy anticlerical». ¡Ah!, ¿eres anticlerical? Pues ve y dile al cura: «Yo no me fío de ti, por esto, eso y aquello». ¡Acércate! Acércate también al obispo y díselo a la cara: «Yo no me fío de la Iglesia por esto, eso y aquello». ¡Así es la juventud valiente! A lo mejor ese día al cura le da rabia y te echa, pero solo esa vez, luego siempre te responderá. Pero deberéis tener ganas de escuchar su respuesta. ¡Escuchad!

Seremos juzgados por el amor

No podemos escapar a las palabras del Señor y en función de ellas seremos juzgados: si dimos de comer al hambriento y de beber al sediento; si acogimos al forastero y vestimos al desnudo; si dedicamos tiempo para acompañar al enfermo o al prisionero (cfr. Mateo 25, 35-36). También se nos preguntará si ayudamos a superar la duda que hunde en el miedo y que a menudo es fuente de soledad; si fuimos capaces de vencer la ignorancia en la que viven millones de personas, sobre todo los niños privados de la ayuda necesaria para ser rescatados de la pobreza; si fuimos capaces de apoyar a quien estaba solo y afligido; si perdonamos a quien nos ofendió y rechazamos cualquier forma de rencor o de odio, que conduce a la violencia; si tuvimos paciencia siguiendo el ejemplo de Dios, que tan paciente es con nosotros, y, por último, si encomendamos al Señor a nuestros hermanos y hermanas en la oración. En cada uno de estos desfavorecidos está presente Cristo. Su carne se hace de nuevo visible como cuerpo martirizado, llagado, flagelado, desnutrido y huido para que lo reconozcamos, lo toquemos y lo asistamos con solicitud. No olvidemos las palabras de san Juan de la Cruz: «En el ocaso de nuestras vidas, seremos juzgados por el amor».

¿Cuál es tu identidad?

El pecado, sobre todo el de la mundanidad, que es como el aire, lo invade todo, y ha divulgado una mentalidad proclive a la afirmación de uno mismo en contra de los demás y también en contra de Dios. En el espíritu del mundo es difícil expresar la propia identidad en términos positivos y de salvación, de ahí que a menudo se manifieste en un estar *en contra*. Para alcanzar su objetivo, la mentalidad del pecado, la mentalidad del mundo, no duda en recurrir al engaño y a la violencia.

Luego vemos lo que pasa: avaricia, deseo de poder en lugar de deseo de servicio, explotación de las personas.

El mensaje de Jesús se opone a todo esto e invita a reconocer que necesitamos a Dios y su gracia, y a tener una actitud equilibrada con respecto a los bienes terrenales; a ser humildes y acogedores con todos; a conocerse a uno mismo y a realizarse acercándose a los demás y sirviéndolos. Para cada uno de nosotros el tiempo en que tenemos la oportunidad de acoger la redención es breve: es la duración de nuestra vida terrenal. La vida es un don del infinito amor de Dios, pero también el tiempo en que podemos poner a prueba nuestro amor hacia Él. De ahí que cada instante de nuestra existencia sea un tiempo valioso para amar a Dios y al prójimo y ganar así la vida eterna.

Salgamos de nuestra zona de confort

No consideremos a los pobres solo como los destinatarios de una buena obra de voluntariado que se hace una vez por semana, y menos aún de gestos improvisados de buena voluntad para tranquilizar nuestras conciencias. Estas experiencias, a pesar de ser válidas y útiles para sensibilizarnos acerca de las necesidades de muchos hermanos y de las injusticias que a menudo las provocan, deberían servir para favorecer un verdadero *encuentro* con los pobres y una mentalidad en la que *compartir* se convierta en un estilo de vida. En efecto, la oración, el camino del discipulado y la conversión encuentran en la caridad, que se transforma en compartir, la prueba de su autenticidad evangélica. Esta manera de vivir produce alegría y serenidad espiritual porque permite ver con nuestros propios ojos la *carne* de Cristo. Si realmente queremos encontrar a Cristo, es necesario que toquemos su cuerpo en el cuerpo llagado de los pobres, como confirmación de la comunión sacramental recibida en la Eucaristía. El cuerpo de Cristo, partido en la sagrada liturgia, se encuentra en la caridad que compartimos con los hermanos y hermanas más débiles. A este propósito, son siempre actuales las palabras del santo obispo Crisóstomo: «Si queréis honrar el cuerpo de Cristo, no lo despreciéis cuando está desnudo; no honréis al Cristo eucarístico con ornamentos de seda, mientras que fuera del templo descuidáis a ese otro Cristo que sufre por el frío y la desnudez».

Estamos llamados a tender la mano a los pobres, a encontrarlos, a mirarlos a los ojos, a abrazarlos para hacerles sentir el calor del amor que rompe el círculo vicioso de la soledad. Su mano extendida hacia nosotros es también una llamada a salir de nuestra zona de confort y a reconocer el valor que tiene la pobreza en sí misma.

La misericordia no tiene límites

En la actualidad aún hay poblaciones enteras que pasan hambre y sed, y despiertan una gran preocupación las imágenes de niños que no tienen nada de comer; multitudes que siguen emigrando de un país a otro en busca de alimento, trabajo, casa y paz; la enfermedad, en sus múltiples formas, es una causa permanente de sufrimiento que reclama socorro, ayuda y consuelo; las cárceles son lugares en los que, con frecuencia, las condiciones de vida inhumanas causan un sufrimiento, en ocasiones grave, que se añade a las penas restrictivas; el analfabetismo, todavía muy extendido, impide que niños y niñas se formen y los expone a nuevas formas de esclavitud. La cultura del individualismo exasperado, sobre todo en Occidente, hace que se pierda el sentido de la solidaridad y la responsabilidad hacia los demás. Dios, sin ir más lejos, sigue siendo un desconocido para muchos, lo cual representa la más grande de las pobrezas y el mayor obstáculo para el reconocimiento de la dignidad inviolable de la vida humana.

En definitiva, las obras de misericordia corporal y espiritual constituyen hasta nuestros días una prueba de la repercusión positiva y rotunda de la misericordia como *valor social* que nos impulsa a ponernos manos a la obra para restituir la dignidad a millones de personas que son nuestros hermanos y hermanas, llamados a construir con nosotros una *ciudad fiable*.

Esforcémonos, pues, en concretar la caridad y, al mismo tiempo, en aplicar la inteligencia a la práctica de las obras de misericordia. Estas últimas poseen un dinamismo inclusivo que tiende a extenderse como una mancha de aceite, sin límites. En este sentido, estamos llamados a dar un rostro nuevo a las obras de misericordia de siempre. En efecto, la misericordia se excede, siempre va más allá, es fecunda. Es como la levadura que hace fermentar la masa (cfr. Mateo 13, 33) y como un granito de mostaza que se convierte en árbol (cfr. Lucas 13, 19).

Vencer la tentación de la indiferencia

Por lo que respecta a los pobres, todos necesitamos la conversión. Debemos preocuparnos por ellos, ser sensibles a sus necesidades espirituales y materiales. A los jóvenes encomiendo, de manera especial, la tarea de volver a poner la solidaridad en el centro de la cultura humana. Tenemos el deber de mantenernos alerta y de tomar conciencia de las viejas y las nuevas formas de pobreza —el desempleo, la emigración, nuevas adicciones—, y de vencer la tentación de la indiferencia. Pensemos también en los que no se sienten amados, que no tienen esperanza en el futuro, que renuncian a esforzarse en la vida porque están desanimados, desilusionados, acobardados. ¡No nos llenemos la boca de bonitas promesas! Debemos aprender a estar a su lado. Acerquémonos, mirémoslos a los ojos, escuchémoslos. Los pobres son para nosotros una ocasión concreta de encontrar a Cristo, de tocar su carne doliente.

Ser cristiano es actuar

No tener trabajo y no recibir un salario justo; no tener una casa o una tierra donde vivir; ser discriminados por la fe, la raza o la condición social; estas, y muchas otras, son situaciones que atentan contra la dignidad de la persona, frente a las cuales la acción misericordiosa de los cristianos responde ante todo mostrándose atenta y solidaria. ¡Cuántas ocasiones se nos ofrecen para poder restituir la dignidad a las personas y darles una vida más humana! Los niños y niñas que sufren violencias

de toda clase, violencias que les roban la alegría de la vida, sin
ir más lejos. Sus rostros tristes y desorientados están grabados
en mi mente; piden que les ayudemos a liberarse de las esclavitudes del mundo contemporáneo. Estos niños son los jóvenes del mañana; ¿cómo los estamos preparando para que vi-
van con dignidad y responsabilidad? ¿Con qué esperanza
pueden afrontar su presente y su futuro?

El *carácter social* de la misericordia obliga a reaccionar y a
rechazar la indiferencia y la hipocresía para evitar que planes
y proyectos se conviertan en papel mojado.

El placer de ser un manantial

Cada vez que nos encontramos con un ser humano en el amor,
se nos capacita para descubrir algo nuevo de Dios. Cada vez
que abrimos los ojos para reconocer al otro, la fe para reconocer a Dios se ilumina mayormente. Consecuencia de ello es
que si queremos crecer en la vida espiritual, no podemos renunciar a ser misioneros. La tarea evangelizadora enriquece la
mente y el corazón, nos abre horizontes espirituales, nos hace
más sensibles para reconocer la acción del Espíritu, nos saca
de nuestros esquemas espirituales limitados. Asimismo, un
misionero plenamente entregado a su tarea experimenta el
placer de ser un manantial que fluye y sacia la sed de los demás. Solo quien se siente a gusto haciendo el bien a los demás,
deseando su felicidad, puede ser misionero. Esa apertura del
corazón es fuente de felicidad porque «hay más alegría en dar
que en recibir» (Hechos de los apóstoles 20, 35). Uno no vive

mejor rehuyendo a los demás, escondiéndose, negándose a compartir, a dar, encerrándose en la propia comodidad. Eso no es más que un lento suicidio.

Yo soy una misión

La misión en el corazón del pueblo no es una parte de la vida o un adorno que uno se puede quitar, un apéndice o un momento más de la existencia, sino algo que no puede arrancarse sin destruir la propia esencia. *Yo soy una misión* en esta Tierra, ese el motivo por el que estoy en este mundo. Hay que reconocerse a uno mismo marcado a fuego para esta misión de iluminar, bendecir, vivificar, levantar, sanar, liberar. En ese contexto vocacional se manifiesta la enfermera, el profesor o el político, personas que han tomado la decisión de entregarse a los demás hasta las últimas consecuencias. Cuando el deber y la vida privada se separan todo se vuelve gris y se va constantemente en búsqueda de reconocimiento, solo se defienden las propias necesidades. Se deja de ser pueblo.

—Todo en este mundo está teniendo un aire extraño. Elfos y enanos recorren juntos nuestras tierras y hay gente que habla con la Dama del Bosque y continúa con vida, y la Espada vuelve a una guerra que se interrumpió hace muchos años, antes de que los padres de nuestros padres cabalgaran en la Marca. ¿Cómo encontrar el camino recto en semejante época?

—Como siempre —dijo Aragorn—. El mal y el bien no han cambiado desde ayer, ni tienen un sentido para los elfos y enanos y otro para los hombres. Corresponde al hombre discernir entre ellos, tanto en el Bosque de Oro como en su propia casa.

J. R. R. Tolkien, *El señor de los anillos*

Todas las personas son dignas de nuestra entrega

Para compartir la vida con la gente y entregarnos generosamente necesitamos reconocer que todas y cada una de las personas son dignas de nuestra entrega. No por su aspecto físico, sus dotes, su lenguaje, su mentalidad o lo que puedan ofrecernos, sino porque son obras de Dios, criaturas suyas, creadas a su imagen, y reflejan algo de su gloria y merecen nuestro afecto y nuestra entrega. Todo ser humano es objeto de la ternura infinita del Señor y Él habita su vida. Jesucristo dio su preciosa sangre en la cruz por esa persona. Más allá de su apariencia, cada persona es inmensamente sagrada y merece nuestro cariño y nuestra entrega. Por eso, si uno logra mejorar la vida de uno solo, eso ya justifica la entrega de mi vida. Es hermoso formar parte del pueblo fiel de Dios. ¡Cuando derrumbamos los muros y el corazón se nos llena de rostros y nombres alcanzamos la plenitud!

No amemos de palabra, sino con obras

«Hijos míos, no amemos de palabra y de boca, sino de verdad y con obras» (1 Juan 3, 18). Estas palabras del apóstol Juan expresan un imperativo que ningún cristiano puede ignorar. La seriedad con la que el *discípulo amado* ha transmitido hasta nuestros días el mandamiento de Jesús se hace más intensa debido al contraste que percibe entre las *palabras vacías* que a menudo pronuncian nuestros labios y los *hechos concretos* a los que tenemos que enfrentarnos. El amor no admite excusas: quien quiera amar como Jesús amó ha de hacer suyo su ejemplo, sobre todo cuando se trata de amar a los pobres. Por otro lado, conocemos bien la manera de amar del Hijo de Dios y Juan nos la recuerda con claridad. Se basa en dos pilares: Dios nos amó primero (cfr. 1 Juan 4, 10. 19) y nos amó dándolo todo, incluso la propia vida (cfr. 1 Juan 3, 16).

Un amor así no puede quedar sin respuesta. Aunque se dio de manera unilateral, es decir, sin pedir nada a cambio, inflama de tal manera el corazón que cualquier persona se siente impulsada a corresponderle, a pesar de sus limitaciones y pecados. Y esto es posible en la medida en que acogemos en nuestro corazón la gracia de Dios, su caridad misericordiosa, de tal manera que mueva nuestra voluntad e incluso nuestros afectos a amar a Dios mismo y al prójimo. La misericordia que, por así decirlo, brota del corazón de la Trinidad puede llegar a mover nuestras vidas y generar compasión y obras de misericordia en favor de nuestros hermanos y hermanas necesitados.

Testimonia con tu vida

Todo cristiano, bautizado con agua en nombre del Espíritu Santo, está llamado a vivir inmerso en una Pascua perenne, como un resucitado. ¡No a vivir como un muerto, sino como resucitado! Este don no es solo para nosotros, está destinado a ser compartido con todos. El motivo de la misión no puede ser otro que el entusiasmo de compartir por fin esta felicidad con los demás. Una hermosa y enriquecedora experiencia de fe, que también sabe lidiar con las inevitables dificultades de la vida, se vuelve casi naturalmente convincente. Cuando alguien habla del Evangelio con su propia vida, traspasa incluso los corazones más duros. Por eso os confío el tercer verbo del misionero cristiano: testimoniar. No dar testimonio con la propia vida, fingir, es como no firmar un cheque. Dar testimonio es poner la firma sobre las propias riquezas, cualidades, vocación. ¡Firmad siempre!

Una verdadera revolución cultural

Estamos llamados a hacer que crezca una cultura de la misericordia basada en el redescubrimiento del encuentro con los demás, una cultura en la que nadie mire a los demás con indiferencia ni aparte la mirada para no ver el sufrimiento de sus hermanos. Las obras de misericordia son *artesanales*, es decir, todas son diferentes; las podemos modelar de mil maneras y aunque sea único el Dios que las inspira y único el material con el que están hechas, esto es, la misericordia misma, cada una adquiere su propia forma.

En efecto, las obras de misericordia tocan todos los aspectos de la vida de una persona. Por eso podemos llevar a cabo una verdadera revolución cultural a partir de la sencillez de gestos que saben entrar en nuestras vidas y llegarnos al alma.

Es una tarea que la comunidad cristiana puede hacer suya, consciente de que la palabra del Señor la llama a abandonar la indiferencia y el individualismo que nos tientan a llevar una existencia cómoda y sin problemas. «A los pobres los tenéis siempre con vosotros» (Juan 12, 8), dice Jesús a sus discípulos. No hay excusas que puedan justificar la falta de compromiso sabiendo que Él se identifica con cada uno de ellos.

Vivir para servir

En la acogida a los marginados, heridos en el cuerpo, y a los pecadores, heridos en el alma, nos jugamos nuestra credibilidad como cristianos. ¡No en las ideas esas!

Hoy la humanidad necesita hombres y mujeres que no quieran vivir sus vidas *a medias*, jóvenes dispuestos a entregar su existencia para servir generosamente a los hermanos más pobres y débiles a semejanza de Cristo, que se entregó por nuestra salvación. Ante el mal, el sufrimiento y el pecado, la única respuesta posible para el discípulo de Jesús es el don de sí mismo, incluso de su vida, a imitación de Cristo; es la actitud de servicio. Si alguien que se llama a sí mismo cristiano no vive para servir, no sirve para vivir. Con su vida reniega de Jesucristo.

Cuida a los hermanos

Cuidar. Es decir, vivir la caridad de manera dinámica e inteligente. Hoy necesitamos personas, jóvenes en especial, que tengan ojos para ver las necesidades de los más débiles y un gran corazón que los haga capaces de una entrega total.

Vosotros también estáis llamados a sacar provecho de vuestras capacidades y a poner la inteligencia al servicio de los demás para organizar la caridad con proyectos ambiciosos. Hoy os toca a vosotros, pero ¡no sois los primeros! ¡Cuántos misioneros *buenos samaritanos* han vivido la misión cuidando a los hermanos heridos que han encontrado a lo largo del camino! Siguiendo sus pasos, con un estilo y de una forma adaptada a nuestro tiempo, ahora os toca a vosotros ejercer una caridad discreta y eficaz, una caridad fantasiosa e inteligente, no episódica sino continua en el tiempo, capaz de acompañar a las personas en su camino de sanación y crecimiento. Este es el verbo que os entrego: cuidar. Cuidad de vuestros hermanos sin egoísmo, poneos a su servicio para ayudarlos.

Agitábanse los hombres y se afanaban movidos por el mecanismo de sus respectivas preocupaciones. Pero ningún mecanismo habría funcionado si su regulador principal no hubiera sido un sentimiento de suprema y fundamental indiferencia. Esa indiferencia dada por el sentimiento de la relación que une las existencias humanas, por la certidumbre de su comunicación recíproca, por la sensación de felicidad que nace de la idea de que todo cuanto ocurre no se cumple solo sobre la tierra donde se sepultan los muertos, sino también en otro lugar, en ese que algunos llaman reino de Dios.

B. L. Pasternak, *El doctor Zhivago*

Habéis recibido gratuitamente, dad también gratuitamente

Quien no vive la gratuidad fraterna hace de su existencia un comercio agobiante, siempre pendiente de sopesar que lo que da sea igual o menor a lo que recibe. Dios, en cambio, da gratis, al punto que ayuda incluso a quienes no le son fieles y «hace salir el sol sobre malos y buenos» (Mateo 5, 45). Por eso dice Jesús: «Tú, en cambio, cuando des limosna, que no sepa tu mano izquierda lo que hace tu derecha, para que tu limosna sea en secreto» (Mateo 6, 3-4). Hemos recibido la vida gratis, no hemos pagado por ella, así que todos podemos dar sin esperar nada a cambio, hacer el bien sin exigir lo mismo a las personas que ayudamos. Eso decía Jesús a sus discípulos: «Habéis recibido gratuitamente, dad también gratuitamente» (Mateo 10, 8).

Solidaridad, cooperación, responsabilidad

Solidaridad, cooperación y responsabilidad son las tres piedras angulares de la doctrina social de la Iglesia, que ve a la persona humana, naturalmente abierta a las relaciones, como la cumbre de la creación y el centro del orden social, económico y político. Con esta mirada, atenta al ser humano y sensible a la concreción de las dinámicas históricas, la doctrina social contribuye a una visión del mundo opuesta a la visión individualista, en la medida en que se basa en la relación entre las personas y tiene como meta el bien común. Al mismo tiempo, se opone a la visión colectivista que hoy resurge en una nueva versión, oculta en los proyectos de normalización tecnocrática. Solidaridad, cooperación, responsabilidad: tres palabras que recuerdan el misterio de Dios mismo, que es Trinidad. Dios es una comunión de personas y nos orienta a realizarnos a través de la apertura generosa a los demás (solidaridad), de la colaboración con los demás (cooperación), del compromiso con los demás (responsabilidad). Y a hacerlo en todos los ámbitos de la vida social, mediante las relaciones, el trabajo, el compromiso civil, la relación con la creación, la política... Estamos llamados más que nunca a testimoniar la atención por los demás, a salir de nosotros mismos, a comprometernos, sin pedir nada a cambio, en el desarrollo de una sociedad más justa y equitativa donde no prevalezcan el egoísmo y los intereses partidistas. Y, al mismo tiempo, estamos llamados a velar por el respeto de la persona humana, su libertad y la protección de su dignidad inviolable. He aquí la misión de la doctrina social de la Iglesia.

Benditas las manos que se abren

Conocemos la gran dificultad que surge en el mundo contemporáneo para identificar de forma clara la pobreza. Sin embargo, todos los días nos enfrentamos a ella y a sus muchas facetas, marcadas por el dolor, la marginación, la opresión, la violencia, la tortura, la prisión, la guerra, la privación de la libertad y de la dignidad, la ignorancia y el analfabetismo, la emergencia sanitaria y la falta de trabajo, el tráfico de seres humanos y la esclavitud, el exilio y la miseria, la inmigración forzada. La pobreza tiene el rostro de mujeres, hombres y niños explotados por viles intereses, pisoteados por la lógica perversa del poder y el dinero. ¡Qué lista inacabable y cruel nos vemos obligados a redactar cuando la pobreza es fruto de la injusticia social, la miseria moral, la codicia de unos pocos y la indiferencia generalizada!

Hoy en día, por desgracia, mientras emerge cada vez más la riqueza descarada que se acumula en las manos de unos pocos privilegiados —que con frecuencia va de la mano de la ilegalidad y la explotación ofensiva de la dignidad humana—, escandaliza la propagación de la pobreza en grandes sectores de la sociedad en todo el mundo. No podemos cruzarnos de brazos ni resignarnos ante este escenario. A la pobreza que inhibe el espíritu de iniciativa de muchos jóvenes y que les impide encontrar un trabajo, a la pobreza que adormece el sentido de responsabilidad e induce a preferir la delegación y la búsqueda de favoritismos, a la pobreza que envenena las fuentes de la participación y reduce los espacios de la profesionalidad humillando el mérito de quien trabaja y produce, a todas estas pobrezas hay que responder con una nueva visión de la vida y de la sociedad.

Benditas sean, pues, las manos que se abren para acoger a los pobres y ayudarlos: son manos que traen esperanza. Benditas las manos que vencen las barreras de la cultura, la religión y, como un bálsamo, alivian las llagas de la humanidad. Benditas las manos que se abren sin pedir nada a cambio, sin *peros* ni condiciones, manos que hacen descender sobre los hermanos la bendición de Dios.

Ensúciate las manos y serás feliz

La mano que compite está cerrada y aferra: siempre aferra, acumula, a menudo a costa de anular a los demás, del desprecio por los demás. El gesto contrario a la competición es abrirse. Y abrirse camino. La competición suele ser estática: calcula, a menudo inconscientemente, pero es estática, no se pone en juego. La maduración de la personalidad, en cambio, siempre se produce en movimiento, se involucra. Para usar una expresión común: se ensucia las manos. ¿Por qué? Porque tiene la mano tendida para saludar, abrazar, recibir: «Hay más alegría en dar que en recibir» Hechos de los Apóstoles (20, 35). Contra la cultura que destruye los sentimientos, está la del servicio.

Los jóvenes más maduros — aquellos seguros de sí mismos, sonrientes, con sentido del humor— son los que tienen las manos abiertas, los que están en movimiento, los que se arriesgan. Si en la vida no te arriesgas nunca madurarás, nunca dirás una profecía, solo tendrás la vana ilusión de acumular para sentirte a salvo. Me viene a la mente una vez más la parábola de Jesús, la del hombre rico que había obtenido una cosecha tan grande que no sabía qué hacer con el trigo y dijo: «Construiré graneros más grandes y así estaré seguro» (cfr. Lucas 12, 18-19). Un seguro de vida. Y Jesús concluye: «¡Necio! Esta noche morirás» (v. 20).

La cultura de la competición nunca mira al final, sino al fin que alberga en su fuero interno: trepar a toda costa, de cualquier manera, pero siempre pisoteando a los demás. En cambio, la cultura de la convivencia, de la fraternidad, es una cultura de servicio, una cultura que se abre y se ensucia las manos.

Este es el gesto. ¿Quieres salvarte de esta cultura que te hace sentir un fracasado, de la cultura de la competición, de la cultura del usar y tirar, y vivir una vida feliz? Abre la mano, ofrécela y sonríe, siempre en pie. Ensúciate las manos y serás feliz.

La tentación de caminar únicamente a salvo

Necesitamos el empuje del Espíritu para que el miedo y el cálculo no nos paralicen, para no acostumbrarnos a caminar solo dentro de los confines que hacen que nos sintamos seguros. Recordemos que lo que permanece cerrado termina oliendo a humedad y es insano. Cuando los apóstoles sintieron la tentación de permitir que el miedo y el peligro los detuvieran, se pusieron a rezar juntos atreviéndose a pedir: «Ahora, Señor, fíjate en sus amenazas y concede a tus siervos predicar tu palabra con toda valentía» (Hechos de los apóstoles 4, 29). Y la respuesta fue que «al terminar la oración, tembló el lugar donde estaban reunidos, los llenó a todos el Espíritu Santo, y predicaron con valentía la palabra de Dios» (Hechos de los apóstoles 4, 31).

Como el profeta Jonás, en nosotros siempre late la tentación de huir a un lugar seguro que puede tener muchos nombres: individualismo, espiritualismo, aislamiento en nuestro pequeño mundo, dependencia, comodidad, repetición de esquemas prefijados, dogmatismo, nostalgia, pesimismo, refugio en las normas. Tal vez nos resistimos a salir de un territorio que nos era familiar y manejable. Sin embargo, los obstáculos pueden ser como la tormenta, la ballena, el gusano que secó el ricino de Jonás o el viento y el sol que le quemaron la cabeza; y lo mismo que para él, pueden tener la función de hacernos volver a ese Dios que es ternura y que quiere que nos renovemos constantemente.

El valor para seguir adelante

Debemos tener valor. Pablo VI decía que no entendía el desánimo en los cristianos. Se refería a esos cristianos tristes y ansiosos de quienes uno duda si creen en Cristo o en el lloriqueo, nunca se sabe. Se quejan todos los días. Y venga a quejarse: que si cómo está el mundo, que si mira qué calamidad... Pero, a ver. ¡El mundo no está peor que hace cinco siglos! El mundo es el mundo y siempre lo ha sido.

El cristiano debe ser valiente y enfrentarse a los problemas, debe tener el valor de encararlos y seguir adelante, seguir adelante con valentía. Y cuando ya no hay nada que hacer, soportar pacientemente. Valentía y paciencia. Valentía: seguir adelante, hacer, ¡dar un testimonio rotundo! Soportar: echarse sobre los hombros las cosas que aún no pueden cambiarse. Seguir adelante con la paciencia que la gracia nos otorga. Pero ¿qué debemos hacer con la valentía y la paciencia? Salir de nosotros mismos. Salir de nuestras comunidades para ir allá donde los hombres y las mujeres viven, trabajan y sufren, y anunciarles la misericordia del Padre, que se ha dado a conocer a la humanidad mediante Jesucristo de Nazaret. Anunciar esta gracia que nos ha sido regalada por Jesús.

Estamos llamados a mucho

No dejes que te roben la esperanza y la alegría, que te aneste-sien para utilizarte como esclavo de sus intereses. Atrévete a ser más, porque tú importas más que cualquier otra cosa. No necesitas poseer o aparentar. Si reconoces que estás llamado a mucho, puedes llegar a ser lo que Dios, tu Creador, sabe que eres. Invoca al Espíritu Santo y camina con confianza hacia la gran meta: la santidad. Así no serás una fotocopia. Serás ple-namente tú mismo.

Leyendo la vida de nuestro Señor y de los santos, se paraba a pensar, razonando para sus adentros: ¿y si hiciera lo mismo que hicieron san Francisco o santo Domingo? [...]. Mas todo su discurso era decirse a sí mismo: Santo Domingo hizo esto, pues yo lo tengo de hacer. San Francisco hizo aquello, pues yo lo ten-go de hacer. [...]. Pero cuando lo distraían otras cosas, afloraban de nuevo los pensamientos del mundo. [...] Había, sin embargo, una diferencia: pensar en las cosas del mundo lo agradaba, pero cuando, por cansancio, dejaba de hacerlo se sentía vacío y decep-cionado; en cambio, ir a Jerusalén descalzo, comer solo hierbas y practicar la austeridad propia de los santos eran pensamientos que no solo le daban consuelo cuando los pensaba, sino que lo dejaban satisfecho y alegre después de haberlo abandonado. Por aquel entonces no prestaba atención a esta diferencia ni la pon-deraba. Hasta que abrió un poco los ojos y, maravillado por la diferencia, se puso a reflexionar sobre ella. La experiencia le dijo que algunos pensamientos lo dejaban triste y otros alegre y poco a poco aprendió a reconocer la diferente naturaleza de los espíritus que en él se agitaban: uno del demonio; el otro, de Dios. Esta fue la primera reflexión que hizo sobre las cosas de Dios.

SAN IGNACIO DE LOYOLA, El peregrino

¡Arriesgaos a costa de equivocaros!

No renunciéis a lo mejor de vuestra juventud, no observéis la vida desde el balcón. No confundáis la felicidad con un sofá y no malgastéis la vida delante de una pantalla. No acabéis dando el triste espectáculo de un coche abandonado. No seáis como vehículos aparcados, dejad volar vuestros sueños, tomad decisiones. Arriesgaos a costa de equivocaros. No vayáis tirando con el alma anestesiada y no miréis el mundo como si fuerais turistas. ¡Alzad la voz! Ahuyentad el miedo que os paraliza para no convertiros en jóvenes momificados. ¡Vivid! ¡Entregaos a lo mejor de la vida! ¡Abrid las puertas de la jaula y volad! Por favor, no os jubiléis antes de tiempo.

Si aprendéis a llorar con quien llora, seréis realmente felices

Con frecuencia, las Sagradas Escrituras expresan el estado de ánimo de quien se deja tocar *en lo más profundo* por el dolor ajeno. La conmoción de Jesús lo hace partícipe de la realidad del otro. Toma sobre sí la miseria del otro: el dolor de una madre se convierte en su dolor; la muerte de un hijo se convierte en su muerte.

En muchas ocasiones, los jóvenes demostráis que sabéis compadecer, compadeceros de los demás. Es suficiente ver cuántos de vosotros se entregan con generosidad cuando las circunstancias lo exigen. No hay desastre, terremoto, aluvión al que no acudan ejércitos de jóvenes voluntarios para echar una mano. También la gran movilización de jóvenes que quieren defender la creación testimonia vuestra capacidad para oír el grito de la tierra.

Queridos jóvenes, ¡no permitáis que os roben esa sensibilidad! Que siempre podáis escuchar el gemido de quien sufre, dejar que os conmuevan los que lloran y mueren en el mundo actual. «Ciertas realidades de la vida solamente se ven con los ojos limpios por las lágrimas» (*Christus vivit*, 76). Si aprendéis a llorar con quien llora, seréis verdaderamente felices. Muchos de vuestros coetáneos carecen de oportunidades, sufren violencia, persecución. Si sus heridas se convierten en las vuestras, seréis portadores de esperanza para este mundo. Podréis decir al hermano, a la hermana: «Levántate, no estás solo» y hacerles sentir que Dios Padre nos ama y que Jesús es la mano que nos tienden para ayudarnos a ponernos en pie.

La conmovedora ternura de Dios

Vosotros, los jóvenes, también podéis acercaros a la realidad del dolor y la muerte que os rodea, podéis tocarlos y generar vida como Jesús. Esto es posible gracias al Espíritu Santo, que antes os ha tocado con su amor, que ha enternecido vuestro corazón con su bondad hacia vosotros. Entonces, cuando sintáis dentro la conmovedora ternura que Dios siente por cada criatura viviente, especialmente por el hermano hambriento, sediento, enfermo, desnudo o prisionero, podréis acercaros y, como Él, tocar y transmitir su vida a vuestros amigos muertos por dentro que sufren o han perdido la fe y la esperanza.

No tengáis miedo de participar en la revolución de la ternura

Qué feo es vivir lloriqueando, qué feo. Qué feo es vivir lamiéndose las heridas. ¡Cuántas personas caen víctimas de la depresión, el alcohol y las drogas! Vosotros lo sabéis bien. Cuántas personas mayores están solas, sin nadie con quien compartir el presente y temerosas de que vuelva el pasado. Vosotros, los jóvenes, podéis responder a esos desafíos con vuestra presencia y con el encuentro entre vosotros y los demás. Jesús nos invita a salir de nosotros mismos, a arriesgarnos y a dar la cara. Cierto es que creer en Jesús suele implicar tener la fe de dar un salto en el vacío, y eso da miedo. Otras veces nos lleva a cuestionarnos, a salir de nuestros esquemas, y eso puede hacernos sufrir y dejarnos tentar por el desánimo. Pero ¡sed valientes! Seguir a Jesús es una aventura apasionante que llena nuestra vida de sentido, que nos hace sentir parte de una comunidad que nos sostiene, de una comunidad que nos acompaña, que nos compromete a servir. Queridos jóvenes, vale la pena seguir a Cristo, ¡vale la pena! No tengáis miedo de participar en la revolución a la que Él nos invita: la revolución de la ternura.

¿Con quién te identificas?

Jesús cuenta la historia de un hombre herido al que habían atacado y abandonado en medio del camino. Varias personas lo vieron, pero pasaron de largo. Eran personas respetables e indiferentes al bien común. No fueron capaces de perder un instante para asistir al herido, ni siquiera para pedir ayuda. Solo una persona se detuvo, lo asistió, lo cuidó con sus propias manos, se ocupó de él y pagó de su bolsillo sus cuidados. Le dio, sobre todo, algo que en este mundo apresurado escatimamos: su tiempo. Sin duda el hombre había planeado el día en función de sus necesidades, compromisos o deseos, pero fue capaz de dejarlo todo por aquel herido al que no conocía, pero a quien consideró digno de regalarle su tiempo.

¿Con quién te identificas? Es una pregunta dura, directa y decisiva. ¿A cuál de ellos te pareces? Hemos de reconocer que nos rodea la tentación de desinteresarnos de los demás, especialmente de los más débiles. Debemos admitir que a pesar de haber evolucionado en muchos aspectos, nuestra sociedad desarrollada sigue siendo analfabeta a la hora de acompañar, cuidar y sostener a los más débiles. Nos hemos acostumbrado a apartar la vista, a pasar de largo, a ignorar las situaciones que no nos tocan directamente.

Ser como el buen samaritano

Ante tanto dolor, ante tanta herida, la única salida es ser como el buen samaritano. Cualquier otra opción conduce del lado de los salteadores o de quienes pasan de largo sin compadecerse del sufrimiento del que yace en la cuneta. La parábola nos muestra con qué iniciativas se puede rehacer una comunidad a partir de hombres y mujeres que hacen suya la fragilidad de los demás, que no dejan que se erija una sociedad de exclusión, sino que apoyan, levantan y cuidan al caído para que el bien sea común. Al mismo tiempo, la parábola nos advierte sobre ciertas actitudes de personas que solo miran por sí mismas y no se hacen cargo de las necesidades ineludibles de la realidad humana.

¿Quién elegimos ser?

A lo largo del camino nos toparemos indefectiblemente con el hombre herido. Hoy más que nunca hay personas heridas. La inclusión o la exclusión de quien sufre en los márgenes del camino define todos los proyectos económicos, políticos, sociales y religiosos. Cada día nos enfrentamos a la encrucijada de ser buenos samaritanos o caminantes indiferentes que pasan de largo. Y si nos fijamos en la totalidad de nuestra historia y en el mundo en su conjunto, todos somos o hemos sido como aquellos personajes, todos tenemos algo del salteador, algo del que pasa de largo y algo del buen samaritano.

Busquemos a los demás

Cada día se nos ofrece una nueva oportunidad, se abre una nueva etapa. No debemos esperar que quienes nos gobiernan tomen todas las iniciativas, porque sería infantil. Gozamos de un espacio de corresponsabilidad capaz de iniciar y generar nuevos procesos y transformaciones. Debemos ser parte activa en la rehabilitación y el apoyo de las sociedades heridas. Hoy estamos ante la gran oportunidad de manifestar nuestra esencia fraterna, de ser buenos samaritanos que se echan sobre los hombros el dolor de los fracasos en vez de acentuar odio y resentimiento. Solo se necesita sentir el deseo gratuito, puro y simple de querer ser pueblo, de ser constantes e incansables en la labor de incluir, de integrar, de levantar al caído, aunque muchas veces nos veamos sumidos en la lógica de los violentos —e incluso la reproduzcamos—, de quienes solo tienen ambiciones para sí mismos y divulgan la confusión y la mentira. Dejad que otros sigan pensando en la política o en la economía y en sus juegos de poder. Alimentemos lo bueno y pongámonos al servicio del bien.

Es posible comenzar por abajo y, caso por caso, empezar luchando por lo más concreto y local hasta llegar al último rincón de nuestro país y del mundo, con la misma minuciosidad que el viajero de Samaría tuvo por cada llaga del herido. Busquemos a los demás y hagámonos cargo de la realidad que nos corresponde sin miedo al dolor o a la impotencia, porque allí está todo lo bueno que Dios ha sembrado en el corazón del ser humano. Los obstáculos aparentemente insalvables son la oportunidad que se nos ofrece para crecer, no la excusa para hundirnos en una tristeza inerte y sumisa. Pero no lo hagamos solos, individualmente. Del mismo modo que el samaritano buscó a un posadero que pudiera cuidar de aquel hombre, estamos invitados a reunirnos en un *nosotros* más fuerte que la suma de las individualidades; recordemos que «el todo es más que la parte, y también es más que la mera suma de las partes». Renunciemos a la mezquindad y al resentimiento, a las rencillas estériles de los enfrentamientos sin fin. Dejemos de ocultar el dolor de las pérdidas y hagámonos cargo de nuestras culpas, omisiones y mentiras. La reconciliación reparadora nos resucitará y nos hará perder el miedo a nosotros mismos y a los demás.

Lo que cuenta es no vivir para uno mismo

Dios, mediante Jesús, se acercó a cada hombre y a cada mujer: compartió la alegría de los novios en Caná de Galilea y la angustia de la viuda de Naín; entró en la casa de Jairo y en la de Lázaro y su hermana María de Betania para vencer a la muerte; se hizo cargo de enfermedades y sufrimiento hasta el punto de entregar su vida en remisión de nuestros pecados. Seguir a Cristo significa acudir donde Él lo hizo; echarse sobre los hombros, como un buen samaritano, al herido que encontramos en el camino; ir en busca de la oveja descarriada. Ser como Jesús, próximos a los demás, significa compartir con el prójimo penas y alegrías; mostrar con nuestro amor el paternal rostro de Dios y la maternal caricia de la Iglesia. Que nadie os sienta jamás distantes, cerrados, estériles. Cada uno de vosotros está llamado a servir a los hermanos siguiendo su propio carisma: con la oración, la catequesis, la enseñanza, el cuidado de los enfermos, la asistencia a los pobres, anunciando el Evangelio o haciendo obras de misericordia. Lo que cuenta es no vivir para uno mismo, porque Jesús no vivió para sí mismo, sino para el Padre y para nosotros.

Somos nosotros los que se convierten en el prójimo

¿Quién es mi prójimo? En la sociedad de la época de Jesús, la palabra *prójimo* solía indicar al que estaba más cerca, más próximo. Se daba por descontado que había que pedir ayuda en primer lugar a los miembros del propio grupo. Un samaritano, para algunos judíos de entonces, estaba considerado un ser despreciable e impuro, de ahí que no formara parte de los miembros del propio grupo a quienes se debía prestar ayudar. El judío Jesús transforma completamente este planteamiento: no nos invita a preguntarnos quiénes forman parte de nuestro grupo, sino a acercarnos a cualquiera, a dar un paso hacia los demás.

La propuesta es la de estar a disposición de quien necesita ayuda sin tener en cuenta si pertenece al mismo grupo que nosotros. En aquel caso, fue el samaritano quien se convirtió en el *prójimo* del judío herido. Rompió todas las barreras culturales e históricas para acercarse y dar un paso hacia él. La conclusión de Jesús es un petición: «Ve y haz tú lo mismo» (Lucas 10, 37). Es decir, nos pide que pasemos por encima de las diferencias y nos convirtamos en el prójimo de cualquiera que sufre. A partir de este concepto, ya no tengo que ayudar al *prójimo*, sino que estoy llamado a convertirme en el prójimo de los demás, a acercarme a ellos.

¡No tengas miedo de mostrar el amor!

En este tiempo en el que la gratuidad parece debilitarse en las relaciones interpersonales porque todo se vende y todo se compra, y la gratuidad es difícil de hallar, nosotros, los cristianos, anunciamos a un Dios que lo único que pide para ser nuestro amigo es que lo acojamos. Lo único que pide Jesús es ser acogido. Pensemos en cuántas personas viven en la desesperación porque jamás han encontrado a nadie que les haya prestado atención, que las haya consolado, que haya hecho que se sintieran valiosas e importantes. Nosotros, los discípulos del crucificado, ¿podemos negarnos a ir a esos lugares donde nadie quiere acudir por miedo a comprometernos y al juicio ajeno, negando con nuestro comportamiento a estos hermanos el anuncio de la palabra de Dios? ¡La gratuidad! Nosotros hemos recibido esta gratuidad, esta gracia, gratuitamente y gratuitamente debemos devolverla.

No tengas miedo, no le temas al amor, al amor de Dios, nuestro Padre. No tengas miedo de recibir la gracia de Jesucristo, no le temas a la libertad que nos viene dada por la gracia de Jesucristo. No le tengas miedo a la gracia, no tengas miedo de salir de ti mismo, de tu comunidad, para ir a mostrar el amor que es Dios.

¡No debemos tener miedo! Sigamos adelante para decirles a nuestros hermanos y a nuestras hermanas que estamos protegidos por la gracia que Jesús nos da gratuitamente. Solo debemos aceptarla. ¡Adelante!

No nos atañe a nosotros dominar todas las mareas del mundo, sino hacer lo que está en nuestras manos por el bien de los días que nos ha tocado vivir, extirpando el mal en los campos que conocemos, y dejando a los que vendrán después una tierra limpia para la labranza.

J. R. R. TOLKIEN, *El señor de los anillos*

El valor de ir a contracorriente

Hay que tener el valor de ir a contracorriente. No contra alguien —que es la tentación cotidiana—, como hacen los victimistas y los complotistas que siempre descargan la culpa sobre los demás, no, sino contra la corriente malsana de nuestro yo egoísta, cerrado y rígido, que a menudo busca arreglos para sobrevivir. Ir contracorriente significa ir tras las huellas de Jesús. Él nos enseña a ir contra el mal con la única fuerza mansa y humilde del bien. Sin atajos, sin falsedad, sin doblez. Nuestro mundo, acuciado por muchos males, no necesita más pactos ambiguos, gente que va de aquí para allá como las olas del mar —a merced del viento, del interés—, de quienes están un poco a la derecha y un poco a la izquierda después de haber olfateado lo que les conviene. Un cristiano que actúa así se parece más a un equilibrista que a un cristiano. Los equilibristas siempre buscan la forma de no ensuciarse las manos, de no comprometerse, de no ponerse en juego.

Por favor, tened miedo de convertiros en jóvenes equilibristas. Sed libres, sed auténticos, sed la conciencia crítica de la sociedad. ¡No tengáis miedo de criticar! Necesitamos vuestras críticas. Por poner un ejemplo, muchos de vosotros estáis reaccionando contra la contaminación medioambiental. ¡Eso es lo que necesitamos! Sentíos libres de criticar. Apasionaos por la verdad para que, junto con vuestros sueños, podáis afirmar: «¡Mi vida no es esclava de las lógicas de este mundo, porque reino con Jesús por la justicia, por el amor y la paz!». A los jóvenes les deseo que cada uno pueda sentir la alegría de afirmar: «Yo también soy rey con Jesús». Soy rey, soy un signo viviente del amor de Dios, de su compasión y ternura. Soy un soñador deslumbrado por la luz del Evangelio y miro con esperanza en las visiones nocturnas. Y cuando caigo, encuentro en Jesús la valentía de luchar y de confiar, el valor para volver a soñar. En cualquier edad de la vida.

El valor para ser feliz

Dios llama a opciones definitivas, tiene un proyecto para cada uno: descubrirlo, responder a la propia vocación, es caminar hacia la realización feliz de uno mismo. Dios nos llama a todos a la santidad, a vivir según su vida, pero tiene un camino para cada uno de nosotros.

En la cultura de lo provisional, de lo relativo, muchos predican que lo importante es *disfrutar* del momento, que no vale

la pena comprometerse para toda la vida, hacer opciones definitivas, *para siempre*, porque no sabemos qué nos reserva el
porvenir. Yo, en cambio, os pido que seáis revolucionarios, os
pido que vayáis a contracorriente, que os rebeléis contra la
cultura de lo provisional, que, en el fondo, cree que no sois
capaces de asumir responsabilidades, que no sois capaces de
amar de verdad. Atreveos a *ir a contracorriente*. Y atreveos también a ser felices.

III

La felicidad es un camino

El arte de caminar humanamente

Caminar es un arte, porque si siempre caminamos deprisa nos cansaremos antes y no podremos llegar al final del camino. Tampoco llegaremos si nos detenemos y dejamos de andar. Caminar es el arte de mirar al horizonte, pensar adónde quiero llegar y resistir al cansancio. A menudo el trayecto es difícil. «Quiero ser fiel a este camino», se dice uno mismo, pero no es fácil, hay días de oscuridad, de fracaso, incluso alguna jornada de caída… Pero pensad siempre en esto: no le tengáis miedo al fracaso, no le tengáis miedo a las caídas. En el arte de caminar lo que importa no es no caer, sino saber levantarse. Levantarse y seguir andando. Eso es caminar humanamente. Pero no es bueno hacerlo solo. Ni bueno ni divertido. Camina en comunidad, con los amigos, con quienes te quieren, porque solo así se puede alcanzar la meta.

MARTINA: Babette, ha sido una cena excelente. ¡Todos opinan lo mismo!

BABETTE: Hace tiempo fui el chef principal… en el Café Anglais.

MARTINA: Todos recordaremos esta noche, cuando estés de vuelta en París.

BABETTE: Yo no regreso a París.

MARTINA: ¿No regresas a París?

BABETTE: Nadie me espera allá. Están todos muertos. Y no tengo dinero.

MARTINA: ¿No tienes dinero? ¿Y los diez mil francos?

BABETTE: Lo gasté todo.

MARTINA: ¿Diez mil francos?

BABETTE: Es lo que cuesta una cena para doce en el Café Anglais.

PHILIPPA: Pero, querida Babette, no debiste darnos todo lo que tenías.

BABETTE: No lo hice solo por vosotros…

MARTINA: Ahora serás pobre por el resto de tu vida.

BABETTE: Un artista nunca es pobre.

PHILIPPA: ¿Preparabas esta clase de cena en el Café Anglais?

BABETTE: Yo era capaz de hacerlos felices… Daba lo mejor de mí misma y Papin lo sabía.

PHILIPPA: ¿Achille Papin?

BABETTE: Sí. Dijo: «En el mundo suena un profundo llanto desde el corazón del artista… Denme la oportunidad de ofrecer lo mejor de mí mismo».

PHILIPPA: Pero este no es el fin, Babette… Estoy segura de que no lo es. En el paraíso, serás la gran artista que Dios quiso que fueras. Oh, ¡les encantarás a los ángeles!

GABRIEL AXEL, *El festín de Babette*, 1987

Solo nunca se llega

No permitáis que os hagan creer que es mejor caminar solo. Solo no se llega a ninguna parte. Sí, podrás tener éxito en la vida, pero sin amor, sin amigos, sin pertenecer a un pueblo, sin la hermosa experiencia que es arriesgarse en compañía. No se puede caminar solo.

Como niños

Somos hijos que caen continuamente, somos como niños pequeños que intentan caminar, se caen, y siempre necesitan que su padre vuelva a levantarlos. Es el perdón del Padre el que siempre nos pone de nuevo en pie: el perdón de Dios.

Si te caes, ¡levántate!

El perdón divino es sumamente eficaz porque crea lo que afirma. No esconde el pecado, sino que lo destruye y lo elimina, pero lo elimina de raíz, no como en la tintorería cuando quitan una mancha de un vestido. ¡No! Dios borra nuestro pecado de raíz, ¡todo! De ahí que el penitente se vuelva puro; todas sus manchas desaparecen hasta que se vuelve más blanco que la nieve.

Gracias al perdón los pecadores nos convertimos en personas nuevas, colmadas por el Espíritu y llenas de alegría. Entonces una nueva realidad comienza para nosotros: un nuevo corazón, un nuevo espíritu, una nueva vida. Los pecadores perdonados, que hemos acogido la gracia divina, podemos incluso enseñar a los demás a no pecar de nuevo. «Pero Padre, soy débil, yo caigo una y otra vez». Pues si te caes, levántate. ¡Levántate! ¿Qué hace un niño cuando se cae? Extiende los brazos hacia su madre o su padre para que lo ayuden. ¡Hagamos lo mismo! Si por debilidad caes en el pecado, extiende los brazos: el Señor te sujetará y te ayudará a levantarte. ¡Esta es la dignidad del perdón de Dios! La dignidad que nos da el perdón de Dios es la de levantarnos, ponernos siempre en pie, porque Él ha creado al hombre y a la mujer para que estén de pie.

Nunca te rindas

Jesucristo es quien sabe darle verdadera pasión a la vida, Jesucristo es quien nos motiva a no conformarnos con poco y a dar lo mejor de nosotros mismos; es Jesucristo quien nos interpela, nos invita y nos ayuda a levantarnos cada vez que nos damos por vencidos; es Jesucristo quien nos impulsa a levantar la mirada y a soñar en grande. «Pero padre —podría objetar alguno de vosotros—, es tan difícil soñar en grande, es tan difícil subir, estar siempre subiendo. Padre, yo soy débil, me caigo, me esfuerzo, pero muchas veces me vengo abajo». Cuando escalan, los grupos militares de alta montaña cantan una canción muy bonita que dice así: «En el arte de subir, el éxito no está en no caer, sino en levantarse». Si eres débil, si te caes, mira hacia arriba y verás la mano tendida de Jesús, que

te dice: «Levántate, ven conmigo». «¿Y si me caigo de nuevo?». También. «¿Y si vuelvo a caer?». También. Pedro le preguntó una vez al Señor: «Señor, ¿cuántas veces?». «Setenta
veces siete», le respondió. La mano de Jesús está siempre tendida para levantarnos cuando nos caemos.

Solo quien no camina no se cae

Jesús te habla a ti, a mí, a cada uno de nosotros, y nos dice:
«¡Levántate!». Sabemos muy bien que también nosotros, los
cristianos, caemos y nos debemos levantar continuamente.
Solo quien no camina no se cae, pero tampoco avanza. Por eso
es necesario acoger la ayuda de Cristo y hacer un acto de fe en
Dios. El primer paso es aceptar la ayuda. La nueva vida que
Él nos dará será buena y digna de ser vivida, porque estará
sostenida por Él, que nos acompañará en el futuro, nunca nos
abandonará y nos ayudará a usar nuestra existencia de manera
digna y fecunda.

> ¡Oh compañeros (pues no somos desconocedores, anterior-
> mente, de males)! ¡Oh soportadores de cosas más graves!, un
> dios dará también fin a estas. Vosotros no solo os acercasteis a la
> rabia de Escila y a los escollos que resuenan profundamente,
> sino que también experimentasteis las piedras de los Cíclopes:
> recobrad los ánimos y alejad el triste temor: ¡quizás también al-
> gún día agradará recordar estas cosas!
>
> Virgilio, *Eneida*, i, 198-203

Dios camina con nosotros

«Tuve hambre y me disteis de comer, tuve sed y me disteis de beber, fui forastero y me hospedasteis, estuve desnudo y me vestisteis, estuve enfermo y me visitasteis, en la cárcel y vinisteis a verme» (Mateo 25, 35-36).

Estas palabras de Jesús responden a la pregunta que a menudo resuena en nuestra mente y en nuestro corazón: ¿dónde está Dios? ¿Dónde está Dios si en el mundo existe el mal, si hay gente que pasa hambre o sed, que no tiene hogar, que huye, que busca refugio? ¿Dónde está Dios cuando las personas inocentes mueren a causa de la violencia, el terrorismo, las guerras? ¿Dónde está Dios cuando terribles enfermedades rompen los lazos de la vida y el afecto? ¿Cuando se explota y humilla a los niños? ¿Cuando los niños enferman de graves patologías? ¿Dónde está Dios ante la inquietud de los que dudan y de los que tienen el alma afligida? Hay preguntas para las que no existe una respuesta humana. Lo único que podemos hacer es mirar a Jesús y preguntárselo a Él. Y su respuesta es la siguiente: «Dios está en ellos». Jesús está en ellos, sufre en ellos, profundamente identificado con cada uno. Está tan unido a ellos que juntos forman casi «un solo cuerpo».

Jesús mismo eligió identificarse con estos hermanos y hermanas postrados por el dolor y la angustia, aceptando recorrer la vía dolorosa del calvario. Muriendo en la cruz se puso en manos del Padre y se echó sobre los hombros, regalando amor, las heridas físicas, morales y espirituales de toda la humanidad. Abrazando el madero de la cruz, Jesús abrazó la desnudez y el hambre, la sed y la soledad, el dolor y la muerte de los hombres y las mujeres de todos los tiempos.

A contracorriente hacia la felicidad

La palabra del Señor resucitado y vivo nos indica también a nosotros, hoy, el camino para alcanzar la verdadera beatitud, el camino que conduce al cielo. Es un camino difícil de comprender porque va a contracorriente, pero el Señor nos dice que quien lo sigue tarde o temprano alcanza la felicidad.

Apostar siempre por los grandes ideales

Debemos ser magnánimos, tener un corazón grande, impávido. Y apostar siempre por los grandes ideales. Pero también ser magnánimos en las cosas pequeñas, en la vida cotidiana. Es importante que encontremos esta magnanimidad con Jesús, en su contemplación. Él es quien nos abre las ventanas al horizonte. Magnanimidad significa caminar con Jesús, con el corazón abierto a sus palabras.

La alegría es un don peregrino

La alegría no puede detenerse. Debe seguir adelante porque es una virtud peregrina. Es un don que camina en el sendero de la vida, que camina con Jesús, es predicar, anunciar a Jesús. La alegría alarga y ensancha el camino, es una virtud que pertenece a los que están por encima de las nimiedades, de las pequeñeces humanas, que siempre tiene la mirada puesta en el horizonte. La alegría es una virtud del camino. San Agustín decía: «¡Canta y camina!». Esta es la alegría del cristiano: el cristiano canta con la alegría y camina, lleva consigo esta alegría. Aunque a veces esté algo oculta por la cruz, canta y camina. Sabe loar a Dios, como los apóstoles cuando volvieron del monte tras la ascensión de Jesús. La alegría es el don que nos confiere la virtud de la magnanimidad. El cristiano no puede ser pusilánime, sino magnánimo.

No seáis hombres y mujeres tristes

Jesús es Dios, pero se rebajó a caminar con nosotros. Es nuestro amigo, nuestro hermano. Él ilumina nuestro camino. Esta es la primera palabra que quisiera deciros: ¡alegría! Nunca seáis hombres y mujeres tristes: ¡un cristiano jamás puede serlo! ¡Nunca os dejéis vencer por el desánimo! Nuestra alegría no nace de poseer cosas, sino de haber encontrado a Jesús, que está entre nosotros; nace de saber que con Él nunca estamos solos, ni siquiera en los momentos difíciles, cuando en el camino de la vida tropezamos con problemas y obstáculos que parecen insuperables, en esos momentos en que el enemigo, el diablo, se presenta disfrazado de ángel y nos susurra al oído sus palabras. ¡No lo escuchéis!

¡Sigamos a Jesús! Acompañemos y sigamos a Jesús, pero

sobre todo tengamos la convicción de que es Él quien nos acompaña y nos sostiene. Ahí reside nuestra alegría, la esperanza que debemos traer a este mundo. ¡No permitáis que os roben la esperanza!

Juntos para dar una nueva fuerza a nuestras manos

Si caminamos juntos, jóvenes y ancianos, podremos estar bien arraigados en el presente, y desde aquí frecuentar el pasado y el futuro: frecuentar el pasado para aprender de la historia y para sanar las heridas que a veces nos condicionan; frecuentar el futuro, para alimentar el entusiasmo, hacer germinar sueños, suscitar profecías, hacer florecer esperanzas. De ese modo, unidos, podremos aprender unos de otros, caldear los corazones, inspirar nuestras mentes con la luz del Evangelio y dar nueva fuerza a nuestras manos.

No deis vueltas sobre vosotros mismos

Si la vida fuera una obra de teatro o un videojuego estaría acotada a un tiempo concreto, tendría un principio y un final, donde se baja el telón o alguien gana la partida. Pero la vida se mide con otros parámetros, es una partida que se juega con los parámetros del corazón de Dios; a veces se avanza, otras se retrocede, se prueban caminos, se cambian los que ya habíamos emprendido… La indecisión parece nacer del miedo a que baje el telón, a que el cronómetro nos deje fuera de juego o nos impida subir de nivel. En cambio, la vida es camino, no se detiene; la vida es siempre un caminar en busca de la dirección correcta, sin miedo a volver atrás si uno se equivoca. Lo más peligroso es confundir el camino con un laberinto: ese andar dando vueltas por la vida, vueltas sobre sí mismo, sin atinar el camino que conduce hacia adelante. Por favor, no seáis jóvenes de un laberinto del que es difícil salir, sino jóvenes en camino. ¡Nada de laberinto! ¡Caminad hacia delante!

La Palabra que libera la alegría

Esta es la *buena noticia* que Jesús proclama ante la mirada sorprendida de todos: Dios está cerca y quiere cuidar de mí, de ti, de todos. Este es el rasgo de Dios: la cercanía. En el Deuteronomio, Él se define a sí mismo de esta manera, diciéndole al pueblo: «¿Cuál es la gran nación que tenga dioses tan cercanos como el Señor, nuestro Dios, cuando lo invocamos?» (cfr. Deuteronomio 4, 7). El Dios cercano, tierno y compasivo quiere aliviarte de las cargas que te aplastan, mitigar el frío de tus inviernos, iluminar tus días oscuros, sostener tus pasos inseguros. Y lo hace con su palabra, con la que te habla para volver a encender la esperanza de las cenizas de tus miedos, para hacer que encuentres de nuevo la alegría en los laberintos de tus tristezas, para llenar de esperanza la amargura de tus soledades. Él te hace caminar, no dentro de un laberinto, sino por el camino correcto, para encontrarlo cada día.

Custodia la llama del enamoramiento

El Señor no quiere hombres y mujeres que lo sigan con desgana, personas en cuyos corazones no sopla el viento de la alegría. Jesús quiere personas que hayan experimentado que estar con Él regala una felicidad inmensa que se puede renovar cada día de la vida. Un discípulo del reino de Dios que no sea alegre no evangeliza este mundo. A predicador de Jesús no se llega afilando las armas de la retórica: uno puede decir lo que quiera, pero si no hay sustancia se nota. ¿Cómo se llega a predicar a Jesús? Custodiando en los ojos el brillo de la auténtica felicidad. Vemos muchos cristianos, también entre nosotros, que con la mirada transmiten la alegría de la fe. ¡Con la mirada! Por este motivo el cristiano —como la Virgen María— custodia la llama de su enamoramiento.

Por supuesto, la vida te pone a prueba y hay momentos en los que debemos seguir adelante a pesar del frío y del viento en contra, a pesar de las amarguras. Pero los cristianos conocen el camino que conduce a aquel fuego sagrado que los encendió para siempre.

> ¡Oh llama de amor viva,
> que tiernamente hieres
> de mi alma en el más profundo centro!
> Pues ya no eres esquiva,
> acaba ya, si quieres;
> rompe la tela de este dulce encuentro.

[...]
¡Cuán manso y amoroso
recuerdas en mi seno
donde secretamente solo moras,
y en tu aspirar sabroso
de bien y gloria lleno
cuán delicadamente me enamoras!

SAN JUAN DE LA CRUZ, *Llama de amor viva*

Llevar la luz a la noche del mundo

¡Sois el presente de Dios! ¡El presente de la Iglesia! ¡No solo el futuro, no! ¡El presente! Ahora o nunca. Si no cogéis la ocasión al vuelo, perderéis la partida. La Iglesia os necesita para ser plenamente ella misma. Como Iglesia, sois el cuerpo del Señor resucitado presente en el mundo. Os pido que nunca olvidéis que sois las extremidades de un único cuerpo, de esta comunidad. Estáis unidos los unos a los otros y solos no sobreviviréis. Os necesitáis los unos a los otros para hacer la diferencia en un mundo cada vez más proclive al enfrentamiento. Tened en cuenta lo siguiente: en un mundo de enfrentamientos que conllevan conflictos y enemistades, debéis ser un mensaje de unidad, de que vale la pena seguir este camino. Solo si caminamos juntos seremos realmente fuertes. Con Cristo, pan de vida, que nos da fuerzas para el camino, ¡llevemos la luz de su fuego a las noches de este mundo!

Sembradores de esperanza

El Señor os invita de nuevo a que seáis protagonistas de vuestro servicio; quiere hacer de vosotros una respuesta concreta a las necesidades y sufrimientos de la humanidad; quiere que seáis un signo de su amor misericordioso para nuestra época. Para cumplir esta misión, os indica el camino del compromiso personal y del sacrificio de uno mismo: el camino de la cruz; es decir, el camino de la felicidad de seguir a Cristo hasta el final, en las circunstancias a menudo dramáticas de la vida cotidiana. Es el camino que no teme el fracaso, el aislamiento o la soledad, porque colma el corazón del hombre de la plenitud de Jesús. Es el camino de la vida y del estilo de Dios, que Jesús manda recorrer también a través de los senderos de una sociedad a veces enfrentada, injusta y corrompida.

El camino de la cruz no es una práctica sadomasoquista, sino el único que derrota al pecado, el mal y la muerte porque desemboca en la luz radiante de la resurrección de Cristo y abre el horizonte a una vida nueva y plena. Es el camino de la esperanza y del futuro. Quienes lo recorren con generosidad y fe dan esperanza al futuro y a la humanidad, siembran esperanza. Y yo quisiera que fuerais sembradores de esperanza.

¡Remad mar adentro y salid de vosotros mismos!

Lloriquear es un engaño que induce a tomar el camino equivocado. Cuando todo parece paralizado y estancado, cuando los problemas personales nos inquietan y los malestares sociales no encuentran las debidas respuestas, no es bueno darse por vencido. El camino es Jesús: invitarlo a subirse a nuestra *barca* y remar mar adentro con Él. ¡Él es el Señor! Él cambia la perspectiva de la vida. La fe en Jesús conduce a una esperanza que va más allá, a una certeza fundada no solo en nuestras cualidades y habilidades, sino en la palabra de Dios, en la invitación que viene de Él; sin pensarlo demasiado ni preocuparse en comprobar si la realidad que os rodea coincide con vuestras certezas. Remad mar adentro, salid de vosotros mismos, salid de vuestro pequeño mundo y abríos a Dios para daros cada vez más también a los hermanos. ¡Abrirse a Dios nos abre a los demás!

Dad algún paso más allá de vosotros mismos; id poco a poco, pero hacedlo. Pequeños pasos que os alejen de vosotros mismos y os conduzcan hacia Dios y hacia los demás, y os abran el corazón a la fraternidad, a la amistad, a la solidaridad.

«¡Ven! ¡Sígueme!»

El joven rico del que hablan los Evangelios sinópticos (cfr. Mateo 19, 16-22; Marcos 10, 17-22; Lucas 18, 18-23) se puso en camino, o mejor dicho corrió al encuentro del Señor, lleno de ímpetu y deseo de encontrar al Maestro para heredar la vida eterna, es decir, la felicidad.

El Evangelio no menciona el nombre de ese joven, lo cual sugiere que podría representar a cualquiera de nosotros. Además de poseer muchos bienes, nos lo presenta como alguien bien educado e instruido, y también animado por una sana inquietud que lo impulsa a buscar la verdadera felicidad, la vida plena. De ahí que se ponga en camino para encontrar una guía reputada, creíble y fiable. Encuentra esa autoridad en la persona de Jesucristo y por eso le pregunta: «Maestro bueno, ¿qué he de hacer para heredar la vida eterna?» (Marcos 10, 17). El joven cree que es un bien que puede ganar con su propio esfuerzo. El Señor le responde con otra pregunta: «¿Por qué me llamas bueno? Nadie es bueno, solo Dios lo es». Así, Jesús lo dirige a Dios, que es el bien único y supremo del que proceden todos los bienes.

Para ayudarlo a acceder a la fuente del bien y de la verdadera felicidad, Jesús le indica la primera etapa que debe recorrer, es decir, aprender a hacer el bien al prójimo: «Si quieres entrar en la vida, obedece los mandamientos» (Mateo 19, 17). Jesús lo devuelve a la vida terrenal y le muestra el camino para heredar la vida eterna, es decir, el amor concreto al prójimo. Pero el joven responde que siempre lo ha hecho y que se ha dado cuenta de que no es suficiente con cumplir los preceptos para ser feliz. Entonces Jesús posa en él una mirada llena de amor. Reconoce, en efecto, el deseo de plenitud que alberga el corazón del joven y la sana inquietud que lo empuja a buscarla, por eso siente ternura y cariño por él.

Sin embargo, Jesús también comprende cuál es el punto débil de su interlocutor: está demasiado apegado a los muchos bienes materiales que posee. Por eso el Señor le propone un segundo paso, el de pasar de la lógica del mérito a la del don: «Si quieres ser perfecto, anda, vende lo que posees y da el dinero a los pobres, y tendrás un tesoro en el cielo» (Mateo 19, 21).

Jesús cambia la perspectiva: le invita a no pensar en asegurarse el más allá, a darlo todo en su vida terrenal, imitando así al Señor. Es la llamada a una mayor madurez, a pasar de los preceptos observados para obtener recompensas al amor gratuito y total. Jesús le pide que abandone todo lo que le lastra el corazón y obstaculiza el amor. Lo que Jesús propone no es que se convierta en un hombre despojado de todo, sino más bien en un hombre libre y rico en relaciones. Si el corazón está abarrotado de posesiones, el Señor y el prójimo solo son una cosa entre muchas otras. Nuestro tener demasiado y querer demasiado ahogan nuestro corazón y nos hacen infelices e incapaces de amar.

Por último, Jesús propone una tercera etapa, la de la imitación: «¡Ven! ¡Sígueme!».

Seguir a Cristo no es una pérdida, sino una ganancia incalculable, mientras que la renuncia se refiere al obstáculo que impide el camino. Ese joven rico, sin embargo, tiene el corazón repartido entre dos amos: Dios y el dinero. El miedo a arriesgarse y a perder sus posesiones lo hace volver a casa triste: «Abatido por estas palabras, se marchó entristecido» (Marcos 10, 22). No había dudado en plantear la pregunta decisiva, pero no tuvo valor para aceptar la respuesta, que era la propuesta de *liberarse* de sí mismo y de las riquezas para *atarse* a Cristo, para caminar con Él y descubrir la verdadera felicidad.

Amigos, Jesús también os propone a cada uno de vosotros: «¡Ven! ¡Sígueme!». Tened la valentía de vivir encomendándoos al Señor y poniéndoos en camino con él. Dejaos conquistar por su mirada de amor, que nos libera de la seducción de los ídolos, de las falsas riquezas que prometen la vida pero traen la muerte. No tengáis miedo de acoger la palabra de Cristo y de aceptar su llamada.

No nos encerremos en nuestro pequeño mundo

Aseguraos de elegir el camino correcto. ¿A qué me refiero? A que aprendáis a *viajar* en la vida, a que no *vaguéis* sin rumbo. ¿Vosotros qué hacéis? ¿Viajáis o vagáis? Nuestra vida tiene una dirección, tiene un fin, un fin que Dios le ha dado. Él nos guía, orientándonos con su gracia. Es como si nos hubiera dotado de un software que nos ayuda a discernir su programa divino y a responderle con libertad. Pero, como todo software, necesita constantes actualizaciones. Mantened actualizado vuestro programa escuchando al Señor y aceptando el desafío de cumplir con su voluntad. Es triste cuando el software no está actualizado, y más aún cuanto está roto e inservible.

Lo único que nos orienta y hace que sigamos adelante por el camino correcto es la sabiduría que nace de la fe. No es la falsa sabiduría de este mundo. Para recibir esta sabiduría debemos mirar el mundo, nuestra situación, nuestros problemas, todo, con los ojos de Dios. Recibimos esta sabiduría cuando empezamos a ver las cosas con los ojos de Dios, a escuchar a los demás con los oídos de Dios, a amar con el corazón de Dios y a sopesar las cosas con los valores de Dios.

Esta sabiduría nos ayuda a reconocer y a rechazar las falsas promesas de felicidad. ¡Son tantas! Una cultura que hace falsas promesas no puede liberar, solo conduce a un egoísmo que llena el corazón de oscuridad y amargura. La sabiduría de Dios, en cambio, nos ayuda a saber cómo acoger y aceptar a aquellos que actúan y piensan de manera diferente de la nuestra. Qué tristeza cuando empezamos a encerrarnos en nuestro pequeño mundo y nos recogemos en nosotros mismos. Entonces hacemos nuestro el principio del *o como digo yo o adiós*. Es un mal principio porque cuando lo aplicamos nos quedamos atrapados, encerrados en nosotros mismos. Cuando un pueblo, una religión o una sociedad se convierten en un *pequeño mundo*, pierden lo mejor que tienen y caen en una mentalidad presuntuosa, la del *yo soy bueno, tú eres malo*. La sabiduría de Dios nos abre a los demás, nos ayuda a mirar más allá de nuestras comodidades personales y de las falsas seguridades que nos impiden ver los grandes ideales que hacen la vida más bella y digna de ser vivida.

Ir siempre más allá

La alegría del Evangelio de la comunidad de los discípulos es una alegría que llena la vida, una alegría misionera. La experimentan los setenta y dos discípulos que regresan gozosos de la misión (cfr. Lucas 10, 17); la vive Jesús, que exulta de alegría en el Espíritu Santo y alaba al Padre porque su revelación alcanza a los pobres y los marginados (cfr. Lucas 10, 21); la sienten, admirados, los primeros que se convierten al escuchar predicar a los apóstoles «cada uno en su propia lengua» (Hechos de los apóstoles 2, 6) en Pentecostés. Esa alegría es un signo de que el Evangelio ha sido anunciado y está dando fruto. Pero siempre tiene la dinámica del éxodo y del don, del salir de sí, del caminar y sembrar de nuevo, de ir siempre más allá. El Señor dice: «Vayamos a otra parte, a predicar también a las poblaciones vecinas, porque para eso he salido» (Marcos 1, 38). Cuando la semilla ha sido sembrada en un lugar, no se entretiene en seguir hablando o en hacer más signos allí, sino que el Espíritu lo mueve a predicar en otros pueblos.

Emprender un viaje

Antes de adorar al niño nacido en Belén, los magos tuvieron que hacer un largo viaje. Escribe Mateo: «Unos magos de Oriente se presentaron en Jerusalén preguntando: "¿Dónde está el Rey de los judíos que ha nacido? Porque hemos visto salir su estrella y venimos a adorarlo"» (Mateo 2, 1-2). El viaje siempre implica una trasformación, un cambio. Después de un viaje uno no es el de antes. Siempre hay algo nuevo en quien ha recorrido un camino: sus conocimientos se han ampliado, ha visto personas y cosas nuevas, ha experimentado el fortalecimiento de su voluntad al enfrentarse a las dificultades y los riesgos del trayecto. No se llega a adorar al Señor sin pasar antes a través de la maduración interior que nos da el ponernos en camino.

Elijamos el camino del bien

¿Qué significa *viajar hacia el Señor*? Significa recorrer el camino del bien, no el del mal; el camino del perdón, no el de la venganza; el camino de la paz, no el de la guerra; el camino de la solidaridad, no el del egoísmo.

¿Hacia dónde se orienta mi corazón?

La Cuaresma es un *viaje de regreso* a Dios. Cuántas veces, ocupados o indiferentes, le hemos dicho: «Señor, más tarde volveré a Ti, espérame… Hoy no puedo, pero a partir de mañana rezaré y empezaré a hacer algo por los demás». Y así un día tras otro. Ahora Dios llama a nuestro corazón. En la vida siempre tendremos ocupaciones y excusas, pero, hermanos y hermanas, hoy es el tiempo de regresar a Dios.

Volved a mí, dice, *de todo corazón*. La Cuaresma es un viaje que afecta a toda nuestra vida, a todo nuestro ser. Es el tiempo de comprobar la validez de los caminos que estamos recorriendo para regresar a casa, para descubrir de nuevo el vínculo fundamental con Dios, del que todo depende. La Cuaresma no es una colección de promesas a Dios, es discernir hacia dónde está orientado el corazón. Este es el centro de la Cuaresma: ¿hacia dónde está orientado mi corazón? Preguntémonos: ¿hacia dónde me lleva el navegador de mi vida, hacia Dios o hacia mi yo? ¿Vivo para agradar al Señor o para exhibirme, que me alaben, me prefieran, me pongan en primer lugar y así sucesivamente? ¿Tengo un corazón *bailarín* que da un paso hacia adelante y uno hacia atrás, y ama un poco al Señor y otro poco al mundo, o un corazón firme en Dios? ¿Me siento a gusto con mi hipocresía o lucho para liberar mi corazón de las dobleces y las falsedades que lo encadenan?

El viaje de la Cuaresma es un éxodo, *un éxodo de la esclavitud a la libertad*. Son cuarenta días que evocan los cuarenta años que el pueblo de Dios viajó por el desierto para regresar a su tierra de origen. Pero ¡qué difícil fue dejar Egipto! A lo largo del camino nunca desapareció del todo la tentación de volver atrás, de abandonarse a los recuerdos del pasado, a algún ídolo. Para nosotros también es así: en el viaje de regreso a Dios los apegos malsanos, los lazos seductores de los vicios, de las falsas seguridades del dinero y del aparentar, y el paralizante lloriqueo victimista son obstáculos en el camino. Para caminar hay que desenmascarar estas falsas ilusiones.

EL LOCO: Soy un ignorante, pero he leído algún que otro libro. No te lo vas a creer, pero sé que todo lo que hay en este mundo sirve para algo… Mira esa piedra, por ejemplo…

GELSOMINA: ¿Para qué sirve?

EL LOCO: Pues… yo qué sé. Si lo supiera ¿sabes quién sería?

GELSOMINA: ¿Quién?

EL LOCO: Dios todopoderoso que todo lo sabe. Cuándo naces, cuándo mueres… ¿Quién puede saberlo? No, no sé para qué sirve esta piedra, pero para algo debe servir, porque si fuera inútil, entonces todo sería inútil, incluso las estrellas. Al menos eso creo. Y tú también… tú también sirves para algo con tu cabeza de alcachofa.

[Diálogo entre el Loco y Gelsomina]
FEDERICO FELLINI, *La Strada*, 1954

Para no perder el rumbo

En este camino, para no perder el rumbo, pongámonos ante la cruz de Jesús: es la cátedra silenciosa de Dios. Miremos cada día sus llagas, las llagas que Él se llevó consigo al cielo y muestra al Padre todos los días en su oración de intercesión. Miremos cada día sus llagas. En esos agujeros reconoceremos nuestro vacío, nuestras faltas, las heridas del pecado, los golpes que nos han hecho daño. Sin embargo, precisamente en ellos vemos que Dios no nos señala con el dedo, sino que abre los brazos de par en par. Sus heridas están abiertas por nosotros y por ellas hemos sido sanados (cfr. 1 Pedro 2, 24; Isaías 53, 5). Besémoslas y entenderemos que justamente ahí, en los vacíos más dolorosos de la vida, Dios nos espera con su misericordia infinita. Porque allí donde somos más vulnerables, donde más nos avergonzamos, Él viene a nuestro encuentro y nos invita a regresar a Él para encontrar de nuevo la alegría de ser amados.

> Bendíceme y santifícame con la bendición del Cielo para que yo sea tu santa habitación y el trono de tu gloria, y para que no se encuentre en este templo tuyo nada que ofenda los ojos de tu Majestad.
>
> Conforme con la magnitud de tu bondad y la abundancia de tus misericordias, mírame, y escucha la oración de tu pobre servidor desterrado lejos en la región oscura de la muerte. Protégeme y consérvame entre tantos peligros de esta vida que se acaba y acompañado con tu gracia dirígeme por el camino de la Paz a la patria de la Eterna Claridad. Amén.

TOMÁS DE KEMPIS, *Imitación de Cristo*, III, LIX

El horizonte final de nuestro camino

Las últimas páginas de la Biblia nos muestran el horizonte final del camino del creyente: la Jerusalén celestial que se representa en primer lugar como una inmensa morada donde Dios acoge a todos los hombres para habitar definitivamente con ellos (Apocalipsis 21, 3). Esta es nuestra esperanza. Y ¿qué hará Dios, cuando finalmente estemos con Él? Nos tratará con una ternura infinita, como un padre que acoge a sus hijos que por mucho tiempo han sufrido y han luchado.

Lloraremos, sí, pero de alegría

Jesucristo nos conducirá a la gran *morada* de Dios con los hombres, en compañía de otros hermanos y hermanas, y llevaremos a Dios el recuerdo de los días vividos aquí abajo. Será bonito descubrir en ese instante que nada se ha perdido, ninguna sonrisa y ninguna lágrima. Por mucho que nuestra vida haya sido larga, nos parecerá que ha sido un soplo y que la creación no se ha detenido en el sexto día del Génesis, sino que ha proseguido infatigable porque Dios siempre se ha preocupado por nosotros, hasta el día en el que todo se cumplirá, la mañana en la que se extinguirán las lágrimas, en el mismo instante en que Dios pronunciará su última palabra de bendición: «¡Mirad —dice el Señor— hago un mundo nuevo!». Sí, nuestro Padre es el Dios de las novedades y de las sorpresas.

Y aquel día nosotros seremos verdaderamente felices y lloraremos, sí, pero de alegría.

Si esta noche tu corazón alberga una hora oscura…

Hermana, hermano, si esta noche tu corazón alberga una hora oscura, un día que aún no ha amanecido, una luz ocultada, un sueño destrozado, ve, abre tu corazón con asombro al anuncio de la Pascua: «¡No tengas miedo, ¡ha resucitado! Te espera en Galilea». Tus expectativas no quedarán sin cumplirse, tus lágrimas serán enjugadas, tus temores serán vencidos por la esperanza. Porque, como sabes, el Señor te precede siempre, camina siempre delante de ti. Y, con Él, la vida siempre comienza de nuevo.

Muerte, no seas orgullosa, aunque algunos te hayan llamado
Poderosa y terrible, pues tú no eres eso.
Pues aquellos a quienes tú piensas que doblegas
No mueren (pobre Muerte) ni aun tú puedes matarme.
Del descanso y el sueño, que no son sino tus reflejos,
Mucho placer, luego de ti mucho más debe fluir
Y mucho antes nuestros mejores hombres contigo se van,
Descansan de sus cuerpos, y de la entrega de sus Almas.
Tú eres una esclava del destino, el Azar, los Reyes, y desesperados,
y con veneno, guerra, y la enfermedad habitas
y la adormidera o los encantamientos pueden hacernos dormir
   también

y con más facilidad que tu golpe: ¿por qué te envaneces?
Un breve sueño pasado, despertamos eternamente
Y la Muerte no será más: Muerte, tú morirás.

JOHN DONNE, Sonetos sacros

Del desconcierto a la maravilla

Las mujeres pensaron que iban a encontrar el cuerpo para ungirlo; encontraron, en cambio, una tumba vacía. Habían ido a llorar a un muerto y hallaron un mensaje de vida. Por eso, dice el Evangelio que aquellas mujeres estaban «asustadas y desconcertadas» (Marcos 16, 8); asustadas, temerosas y desconcertadas. Desconcierto: una mezcla de miedo y alegría sorprende sus corazones cuando ven la gran piedra del sepulcro volcada y dentro un joven con una túnica blanca. Es la maravilla de escuchar esas palabras: «¡No tengáis miedo! Aquel al que buscáis, Jesús, el de Nazaret, el crucificado, resucitó» (v. 6). Y después la invitación: «Él os precederá en Galilea, allí lo encontraréis» (v. 7). Acojamos esta invitación, la invitación de Pascua, nosotros también: vayamos a Galilea, donde el Señor resucitado nos espera.

Déjate sorprender por la fe

Con ir a Galilea el apóstol se refiere a recorrer nuevos caminos, a caminar en el sentido contrario al sepulcro. Las mujeres buscan a Jesús en la tumba, es decir, acuden a rememorar lo que han vivido con Él y que ahora han perdido para siempre. Van a refugiarse en su tristeza. Es la imagen de una fe que se ha convertido en conmemoración de algo hermoso pero que ya no existe, que solo puede recordarse. Una fe hecha de costumbres, de cosas del pasado, de hermosos recuerdos de la infancia, que ya no me conmueve, que ya no me interpela. Ir a Galilea, en cambio, significa aprender que la fe, para que esté viva, debe ponerse de nuevo en camino. Debe reavivar cada día el comienzo del viaje, el asombro del primer encuentro. Y luego encomendarse sin la presunción de saberlo ya todo, sino con la humildad de quien se deja sorprender por los caminos de Dios. Solemos temer que Dios nos sorprenda. Y hoy el Señor nos invita a dejarnos sorprender. Vayamos a Galilea para descubrir que Dios no puede ser depositado entre los recuerdos de la infancia, sino que está vivo y siempre sorprende. Tras la resurrección, nunca deja de asombrarnos.

La fe no es un archivo del pasado, Jesús no es un personaje obsoleto. Él está vivo, *aquí y ahora*. Camina contigo cada día, en la situación que te toca vivir, en la prueba a la que estás sometido, en los sueños que llevas dentro. Abre nuevos caminos donde crees que no los hay, te impulsa a ir a contracorriente del remordimiento y lo *ya vivido*. Aunque todo te parezca perdido, déjate asombrar por su novedad: te sorprenderá.

Descubre de nuevo la gracia de la cotidianidad

Ir a Galilea significa, además, ir a los límites, porque Galilea es el lugar más lejano. En esa región heterogénea y variopinta viven los que están más alejados de la pureza ritual de Jerusalén. Sin embargo, Jesús comenzó su misión precisamente allí, dirigiendo su anuncio a los que luchan en la vida cotidiana, a los marginados, a los frágiles, a los pobres, para ser rostro y presencia de Dios que busca incansablemente los desanimados o perdidos, que se desplaza hasta los límites de la existencia porque a sus ojos nadie es último, nadie está excluido. Es allí donde el resucitado pide a sus discípulos que vayan, como sigue haciéndolo hoy en día: nos pide que vayamos a Galilea, a la Galilea real que es el escenario de la vida cotidiana —las calles que recorremos cada día, los rincones de nuestras ciudades donde el Señor nos precede y se hace presente—, a la vida de los que pasan a nuestro lado y comparten con nosotros el tiempo, el hogar, el trabajo, las dificultades y las esperanzas. En Galilea aprendemos que podemos encontrar a Cristo resucitado en los rostros de nuestros hermanos, en el entusiasmo de los que sueñan y en la resignación de los descorazonados, en las sonrisas de los que se alegran y en las lágrimas de los que sufren, sobre todo en los pobres y en los marginados. Nos asombraremos de cómo la grandeza de Dios se revela en la pequeñez, de cómo su belleza resplandece en los simples y en los pobres.

Jesús, el resucitado, nos ama sin límites y está presente en todas las situaciones de nuestra vida. Él ha establecido su presencia en el corazón del mundo y nos invita a superar las barreras, los prejuicios, a acercarnos a quienes están cada día a nuestro lado para redescubrir *la gracia de la cotidianidad*. Reconozcamos su presencia en nuestras Galileas, en la vida de todos los días. Con Él, la vida cambiará, porque más allá de toda derrota, maldad y violencia, más allá del sufrimiento y la muerte, el resucitado vive y gobierna la historia.

En nosotros siempre hay una nueva vida que puede volver a empezar

Ir a Galilea significa, ante todo, *empezar de nuevo*. Para los discípulos fue regresar al lugar donde el Señor los buscó por primera vez y los llamó a seguirlo. Es el lugar del primer encuentro y el lugar del primer amor. A partir de aquel momento, habiendo dejado las redes, siguieron a Jesús para escucharlo predicar y ser testigos de los prodigios que realizaba. Sin embargo, aunque siempre estaban con Él, no lo entendieron del todo, a menudo malinterpretaron sus palabras y, ante la cruz, huyeron y lo dejaron solo. A pesar de este fracaso, el Señor resucitado se presenta como aquel que, una vez más, los precede en Galilea; los precede, es decir, va delante de ellos. Los llama y los invita a seguirlo sin cansarse nunca. Es como si Jesús resucitado les dijera: «Volvamos a empezar desde el principio. De nuevo. Os quiero conmigo a pesar de todos los fracasos, más allá de los fracasos». En esta Galilea aprendemos a asombrarnos por el amor infinito del Señor, que traza senderos nuevos dentro de los caminos de nuestras derrotas. El Señor es así, traza senderos nuevos dentro de los caminos de nuestras derrotas y nos invita a ir a Galilea.

Siempre se puede *volver a empezar*, porque siempre existe una vida nueva que Dios es capaz de reiniciar en nosotros, más allá de todos nuestros fracasos. Incluso con los escombros de nuestro corazón —cada uno conoce los suyos, las ruinas de su propio corazón— Dios puede construir una obra de arte; incluso con los cascotes de nuestra humanidad Dios prepara una nueva historia. Él nos precede siempre, tanto en la cruz del sufrimiento, de la desolación y de la muerte como en la gloria de una vida que resurge, de una historia que cambia, de una esperanza que renace.

IV

La felicidad no es ir tirando

Lo efímero y lo que perdura

Solo Dios puede dar a nuestra existencia esa plenitud tan deseada y a la vez tan difícil de alcanzar. En efecto, en nuestros días también hay muchas personas que se presentan como dispensadores de felicidad: prometen éxito rápido, grandes ganancias al alcance de la mano, soluciones mágicas para los problemas y así sucesivamente. Sin darse cuenta, es fácil caer en el pecado contra el primer mandamiento, es decir, la idolatría: reemplazar a Dios con un ídolo. ¡La idolatría y los ídolos parecen cosas de otros tiempos, pero en realidad pertenecen a todos! También a los actuales. Describen ciertos comportamientos contemporáneos mejor que muchos análisis sociológicos.

De ahí que Jesús nos abra los ojos a la realidad. Estamos llamados a la felicidad, a ser bienaventurados, y lo somos desde el momento y en la medida en que nos ponemos del lado de Dios, de su reino, del lado de lo que no es efímero, sino que perdura para la vida eterna. Somos felices si reconocemos que necesitamos a Dios —esto es muy importante: «Señor, te necesito»— y si, como Él y con Él, vivimos próximos a los pobres, los afligidos y los hambrientos. Nosotros también lo somos: somos pobres, afligidos y tenemos hambre a los ojos de Dios. Somos felices cada vez que, poseyendo los bienes de este mundo, no los convertimos en ídolos a los que vender nuestra alma, sino que somos capaces de compartirlos con nuestros hermanos.

Los placeres superficiales

El gran riesgo del mundo actual, con su múltiple y abrumadora oferta de consumo, es una tristeza individualista que brota de un corazón cómodo y avaro, de la búsqueda enfermiza de placeres superficiales, de la conciencia aislada. Cuando la vida interior se limita a los propios intereses, ya no hay espacio para los demás, ya no entran los pobres, ya no se escucha la voz de Dios, ya no se goza la dulce alegría de su amor, ya no palpita el entusiasmo por hacer el bien. Los creyentes también corren ese riesgo, cierto y permanente. Muchos caen en la trampa y se convierten en personas resentidas, lloricas, carentes de vida. Esa no es la opción de una vida digna y plena, ese no es el deseo de Dios para nosotros, esa no es la vida en el Espíritu que brota del corazón de Cristo resucitado.

La pureza, la mansedumbre y la misericordia

Elegir la pureza, la mansedumbre y la misericordia; elegir encomendarse al Señor en la pobreza de espíritu y en la aflicción;

luchar por la justicia y la paz…, todo esto significa ir a contracorriente de la mentalidad de este mundo, de la cultura de la
posesión, de la diversión sin sentido, de la arrogancia hacia los
más débiles.

El mundo está cargado de la grandeza de Dios.
Flamea de pronto, como relumbre de oropel sacudido;
Se congrega en magnitud, como el légamo de aceite
Aplastado. ¿Por qué pues los hombres no acatan su vara?
Generaciones han ido pisando, pisando, pisando;
Y todo lo agosta el comercio; lo ofusca, lo ensucia el afán;
Y lleva la mancha del hombre y comparte del hombre el olor: el
 suelo
Se halla desnudo, ni el pie, calzado, puede ya sentir.
Y con todo esto, natura nunca se agota;
Vive en lo hondo de las cosas la frescura más amada;
Y aunque las últimas luces del negro occidente partieron,
Oh, la mañana, en el pardo borde oriental, mana;
Pues el Espíritu Santo sobre el corvado
Mundo cavila con cálido pecho y con ¡ah! vívidas alas.

MANLEY HOPKINS, *La majestad de Dios*

El valor de la sobriedad

Ante todo, tratad de ser libres con respecto a las cosas. El Señor
nos llama a un estilo de vida evangélico, caracterizado por la sobriedad, a no dejarnos llevar por la cultura del consumo. Se
trata de buscar lo esencial, de aprender a despojarse de lo su-

perfluo y lo inútil, que es una lastra. Desprendámonos de la codicia de la posesión, de la idolatría del dinero y su derroche. Pongamos a Jesús en primer lugar. Él puede liberarnos de las idolatrías que nos esclavizan. ¡Confiad en Dios, queridos jóvenes! Él nos conoce, nos ama y jamás se olvida de nosotros. Así como cuida de los lirios del campo (cfr. Mateo 6, 28), no permitirá que nada nos falte. Para superar la crisis económica hay que estar dispuestos a cambiar de estilo de vida, a poner fin a tanto derroche. Del mismo modo que debemos tener valor para ser felices, necesitamos también valor para vivir con sobriedad.

El valor de la libertad

¡Sed personas libres! Quizá se crea que la libertad es hacer lo que uno quiere o aventurarse en experiencias extremas para probar la embriaguez del peligro y sacudirse de encima el aburrimiento. Eso no es libertad. Libertad significa saber reflexionar sobre lo que hacemos, saber distinguir el bien del mal, qué comportamientos nos ayudan a evolucionar; libertad es elegir siempre el bien. Somos libres para el bien. ¡No tengáis miedo de ir a contracorriente, aunque no sea fácil! Ser libres de escoger siempre el bien es duro, pero hará de vosotros personas cabales que saben enfrentarse a la vida, personas valientes y pacientes.

Guardaos de los vendedores de humo

Las bienaventuranzas de Jesús son un mensaje decisivo, que nos empuja a no depositar nuestra confianza en las cosas materiales y pasajeras, a no buscar la felicidad en los vendedores de humo —a menudo también vendedores de muerte—, en los profesionales de la quimera. No hay que seguirlos, porque son incapaces de darnos esperanza. El Señor nos ayuda a abrir los ojos, a adquirir una visión más penetrante de la realidad, a curarnos de la miopía crónica que el espíritu mundano nos contagia. Su palabra paradójica nos espabila y nos ayuda a reconocer lo que realmente nos enriquece, nos satisface, nos da alegría y nos otorga dignidad. En definitiva, lo que realmente da sentido y plenitud a nuestras vidas.

Estamos en el mundo para tener la audacia de tomar decisiones arriesgadas

Cuando soñéis con el amor, no creáis en los efectos especiales, sino en que cada uno de vosotros es especial. Cada uno es un don y puede hacer de su propia vida un don. El prójimo, la sociedad y los pobres los esperan. Soñad con una belleza que vaya más allá de la apariencia, del maquillaje, de los caprichos de la moda. Soñad sin miedo con formar una familia, procrear y educar a los hijos, con una vida compartiéndolo todo con otra persona, sin avergonzaros de vuestras fragilidades, porque él, o ella, las acepta y las ama; te ama tal y como eres. Esto es el amor: amar al otro tal y como es. Nuestros sueños nos revelan la vida que anhelamos. Los grandes sueños no son el coche de gran cilindrada, la ropa de moda o el viaje transgresor. No escuchéis a quien trata de daros quimeras por sueños. Una cosa son los sueños y otra las quimeras. Los vendedores de quimeras son *manipuladores de la felicidad*. Hemos sido creados para una alegría más grande, cada uno de nosotros es único y está en el mundo para sentirse amado en su singularidad y para amar a los demás como ninguna otra persona podría hacer en su lugar. No se trata de vivir sentados en el banquillo para reemplazar a otro. No. Cada persona es única a los ojos de Dios. No os dejéis *homologar*; no fuimos hechos en serie, somos únicos, somos libres, y estamos en el mundo para vivir una historia de amor, de amor con Dios, para tener la audacia de tomar decisiones arriesgadas, para aventurarnos en el maravilloso riesgo de amar.

Corazón rico, corazón pobre

El Evangelio nos invita a conocer la verdad de nuestro corazón para que sepamos en qué depositamos la seguridad de nuestra vida. Normalmente el rico se siente a salvo con sus riquezas y cree que, cuando estas corren peligro, el sentido de su vida se desmorona. Jesús mismo nos lo dijo en la parábola del rico insensato, de ese hombre seguro de sí mismo que, como un necio, ni siquiera se planteaba que podía morir ese mismo día.

La riqueza no te pone a salvo de nada. Es más, cuando el corazón se siente rico, está tan pagado de sí mismo que la palabra de Dios, el amor por los hermanos y las cosas que procuran una felicidad más grande no tienen cabida en su vida. Así es como se priva de bienes mayores. Por eso Jesús llama felices a los pobres de espíritu, porque en su corazón pobre tienen cabida el Señor y sus constantes novedades.

¡El sudario no tiene bolsillos!

No se puede servir a dos amos: Dios y la riqueza. Mientras todo el mundo trate de acumular para sí mismo, nunca habrá justicia. En cambio, si confiando en la providencia de Dios buscamos juntos su reino, a nadie le faltará lo necesario para vivir dignamente.

Un corazón ocupado por el afán de poseer es un corazón rebosante de este anhelo, pero vacío de Dios. Por eso, en más de una ocasión, Jesús advirtió a los ricos de correr el riesgo de creerse a salvo gracias a los bienes de este mundo, mientras que solo Dios puede ponernos realmente a salvo. En el corazón poseído por la riqueza no queda mucho sitio para la fe, los bienes materiales lo ocupan por completo. Si, en cambio, se deja a Dios el sitio que le corresponde, es decir, el primer lugar, el amor por Él nos moverá a compartir también la riqueza, a ponerla al servicio de proyectos de solidaridad y de desarrollo, como demuestran tantos ejemplos, incluso recientes, de la historia de la Iglesia. Es así como la providencia de Dios pasa a través de nuestro servicio a los demás, nuestro compartir con los demás. Si nadie acumula riquezas para sí, sino que las pone al servicio de los demás, la providencia de Dios se hace visible en este gesto de solidaridad. ¿Qué le ocurrirá al que solo piensa en sí mismo cuando Dios lo llame? No podrá llevarse consigo su riqueza porque el sudario no tiene bolsillos. Es mejor compartir, porque al cielo nos llevamos solo lo que hemos compartido con los demás.

> Pruébese a sí mismo el hombre, sobre todo aquel que quiere comer el pan del cielo [...] Si es consciente de su ira, cólera, envidia y soberbia y notará que se ha vuelto amargo y desabrido; desabrido por su soberbia y amargo por la cólera y la envidia. Si, en cambio, se vuelve sensible a su propia indolencia espiritual y a su avaricia, sentirá un frío exagerado y sabrá elegir el bien; tomará conciencia de que todo su calor se pierde en las preocupaciones temporales y en el amor por estas, de las que no sabe liberarse. Entonces sentirá también las demás responsabilidades de su tacto, es decir, el exceso de ternura con el que retoza en el reposo y el exceso de dureza con el que impide entrar a las cosas divinas.

BEATO PEDRO FABRO, *Recuerdos espirituales*

La búsqueda obsesiva de la riqueza causa infelicidad

Dios no es un ser lejano y anónimo, es nuestro refugio, la fuente de nuestra serenidad y de nuestra paz; la roca de nuestra salvación, a la que podemos aferrarnos con la seguridad de no caer. ¡Quien se aferra a Dios nunca se cae! Dios es nuestra defensa contra el mal, que siempre está al acecho. Dios es nuestro gran amigo, un aliado, un padre que nos quiere, pero no siempre nos damos cuenta. No nos damos cuenta y teniendo un amigo, un aliado y un padre amoroso preferimos apoyarnos en bienes inmediatos, que pueden tocarse, en bienes contingentes, olvidando, y a veces rechazando, el bien supremo, es decir, el amor paternal de Dios. ¡Sentirlo Padre en esta época de orfandad es muy importante!

Nos alejamos del amor de Dios cuando manifestamos un amor excesivo por los bienes terrenales y la riqueza y buscamos obsesivamente ambos. Jesús nos dice que esta búsqueda frenética es una quimera que nos hace infelices y da a sus discípulos una regla de vida fundamental: «Buscad primero su reino» (Mateo 6, 33). Se trata de realizar el proyecto que Jesús ha anunciado en el discurso de la montaña, encomendándose a Dios, que nunca nos decepciona —muchos amigos, o muchos que creíamos amigos, nos han decepcionado, ¡Dios nunca!—; trabajar como administradores fieles de los bienes que Él nos ha donado, incluso los terrenales, pero sin *excederse*, como si todo, incluso nuestra salvación, dependiera solo de nosotros. Esta actitud evangélica requiere una postura clara, que el Evangelio de Lucas (16, 9-15) indica con precisión: «No podéis servir a Dios y al dinero». O el Señor, o los ídolos fascinantes pero ilusorios. Esta elección que estamos llamados a realizar se repercute luego en muchos de nuestros actos, planes y compromisos. Es una elección que hay que tomar de manera clara y que hay que renovar constantemente porque la tentación de reducirlo todo a dinero, placer y poder es acuciante.

Mientras que servir a estos ídolos conlleva resultados visibles, pero fugaces, apostar por Dios y por su reino no siempre muestra inmediatamente sus frutos. Es una decisión que se toma en la esperanza y que deja en manos de Dios su plena realización. La esperanza cristiana tiende al cumplimiento futuro de la promesa de Dios y no se detiene frente a ninguna dificultad porque está fundada en la fidelidad de Dios, que nunca falla. Él es fiel, es un padre fiel, es un amigo fiel, es un aliado fiel.

La belleza más allá de la apariencia

Hay belleza en el trabajador que regresa a su casa sucio y desarreglado, pero con la alegría de haberse ganado el pan de sus hijos. Hay una belleza extraordinaria en la comunión de la familia reunida alrededor de la mesa que comparte el pan con generosidad, aunque los alimentos sean pobres. Hay belleza en la mujer despeinada y mayor que sigue ocupándose de su marido enfermo por encima de sus fuerzas y de su propia salud. A pesar de que la primavera del noviazgo forme parte del pasado, hay belleza en la fidelidad de las parejas que se aman en el otoño de la vida, en esos viejecitos que caminan de la mano. Hay belleza más allá de la apariencia o de la estética de la moda en cada hombre y en cada mujer que vive con amor su vocación personal, en el servicio desinteresado a la comunidad o la patria, en el trabajo generoso por la felicidad de la familia, en el arduo empeño, anónimo y gratuito, de restaurar la amistad social. Descubrir, mostrar y resaltar esta belleza, que evoca la de Cristo en la cruz, es poner los cimientos de la verdadera solidaridad social y de la cultura del encuentro.

Qué fea es la vida delante del espejo

No cedáis a la tentación de ensimismaros en vosotros mismos, de miraros el ombligo, de volveros egoístas o superficiales, indiferentes al dolor, a los problemas, centrados en el éxito pasajero. Afirmemos de nuevo «lo que le pasa a los demás me pasa a mí», vayamos a contracorriente, contra el individualismo que aísla, que nos vuelve egocéntricos, vanidosos, exclusivamente centrados en la imagen y el propio bienestar. Qué fea es la vida delante del espejo.

Reíos de vosotros mismos

Los jóvenes narcisistas se peinan, se peinan y se miran continuamente al espejo. Quiero daros un consejo: cuando os miréis al espejo, reíos de vosotros mismos de vez en cuando. Os sentará bien.

Jóvenes en el vértigo del vacío

Me causa dolor encontrar a jóvenes que parecen haberse *jubilado* antes de tiempo. Jóvenes que parecen jubilados a los veintitrés, veinticuatro, veinticinco años. Me preocupa que hayan *tirado la toalla* antes de empezar el partido, que se *hayan rendido* sin haber empezado a jugar. Me causa dolor ver a jóvenes de cara triste, como si su vida no tuviera valor. Son jóvenes esencialmente aburridos… y que aburren, que aburren a los demás, lo cual también me causa dolor. Es duro, pero a la vez nos interpela, ver a jóvenes que abandonan la vida buscando el *vértigo*, esa sensación de sentirse vivos recorriendo caminos oscuros que al final acaban costándoles muy caro. Pensad en los jóvenes que eligieron este camino. Preocupa ver que hay jóvenes que pierden la energía y los mejores años de su vida tras los vendedores de falsas ilusiones —¡cuántos hay!— que les roban lo mejor. Jóvenes que persiguiendo quimeras entran en el vértigo de la nada.

Me causa mucho dolor.

Lo contrario de una vida banal

En nuestros días, lo sabemos muy bien, la vida de algunas personas puede parecer mediocre y sin sentido porque probablemente no han salido en busca de un verdadero tesoro; se han conformado con cosas atractivas pero efímeras, destellos brillantes pero ilusorios que cuando desaparecen los dejan sumidos en la oscuridad. La luz del reino, en cambio, no es un fuego artificial, es luz; los fuegos artificiales duran solamente un instante, la luz del reino nos acompaña toda la vida.

El reino de los cielos es lo contrario de las cosas superfluas que ofrece el mundo, es lo contrario de una vida banal, es un tesoro que renueva la vida todos los días y la expande hacia horizontes más amplios. En efecto, quien encuentra ese tesoro tiene un corazón creativo e inquieto que no se repite, sino que inventa, traza y recorre caminos nuevos que nos conducen al amor a Dios, a los demás y a nosotros mismos. El signo de los que recorren este camino del reino es la creatividad; y la creatividad es la que toma la vida y la da una y otra vez, y siempre busca nuevas maneras de hacerlo.

Jesús, Él, que es el tesoro oculto y la perla de mayor valor, solo puede suscitar alegría, toda la alegría del mundo: la alegría de dar sentido a la propia vida, la de sentirse comprometidos en la aventura de la santidad.

La belleza de la austeridad

El consumismo hedonista puede jugarnos una mala pasada, porque la obsesión por divertirnos conduce a concentrarse excesivamente en uno mismo, en los propios derechos, en la búsqueda desesperada del tiempo libre para disfrutar de la vida. Será difícil que nos ocupemos y dediquemos energías a echar una mano a quienes lo necesitan si no cultivamos una cierta austeridad, si no luchamos contra esa fiebre que nos impone la sociedad de consumo para vendernos cosas y que termina convirtiéndonos en pobres insatisfechos que quieren tenerlo todo y probarlo todo. También el consumo de información superficial y las formas de comunicación rápida y virtual pueden ser un factor de aturdimiento que absorbe todo nuestro tiempo y nos aleja del sufrimiento de los hermanos. En medio de esta vorágine actual, el Evangelio vuelve a ofrecernos una vida diferente, más sana y más feliz.

Estad alerta

Estad alerta, vigilad, no os distraigáis, ¡permaneced despiertos! Vigilar significa no permitir que el corazón se vuelva perezoso, que la vida espiritual se ablande en la mediocridad. Tened cuidado porque se puede ser un *cristiano adormecido* —y sabemos muy bien que hay muchos cristianos adormecidos, anestesiados por la mundanidad, sin ímpetu espiritual, que rezan sin fervor, como loros—, cristianos que no muestran entusiasmo por la misión ni pasión por el Evangelio, que solo miran hacia adentro, incapaces de mirar el horizonte. Y esto nos lleva a *dormitar*, a ir tirando por inercia, a caer en la apatía, indiferentes a todo salvo a lo que les interesa. Qué vida tan triste…, eso no es felicidad.

¿Qué preferís, el vértigo o la plenitud?

No queremos dejarnos robar lo mejor de nosotros mismos, no queremos permitir que nos roben las energías, la alegría y los sueños con falsas ilusiones. Queridos amigos, os pregunto: ¿preferís el vértigo alienante o la fuerza que hace que os sintáis vivos y plenos? ¿El vértigo alienante o la fuerza de la plenitud? Para sentir la plenitud, para tener una vida renovada, hay una respuesta que no se vende ni se compra, una respuesta que no es una cosa, que no es un objeto, sino una persona. Se llama Jesucristo. Os pregunto: ¿Jesucristo puede comprarse? ¿Jesucristo se vende en las tiendas? Jesucristo es un don, un regalo del Padre, el don de nuestro Padre.

Libertad es elegir el bien

Muchas personas os dirán que ser libre significa hacer lo que uno quiere, pero en realidad hay que saber decir no. Si uno no sabe decir no, no es libre. Libre es quien sabe decir sí y sabe decir no. La libertad no es poder hacer lo que a uno le da la gana, eso nos vuelve cerrados, distantes, y nos impide ser amigos abiertos y sinceros; no es verdad que si yo estoy bien todo va bien. No. La libertad es el don de poder *elegir el bien*, eso es libertad. Es libre quien elige el bien, quien busca lo que agrada a Dios, aunque cueste sacrificio y no sea fácil.

Solo tomando decisiones valientes y claras se realizan los sueños más grandes, esos por los que vale la pena dar la vida. Decisiones valientes y tajantes. No os contentéis con la mediocridad, con *ir tirando* estando cómodos y sentados; no confiéis en quien os distrae de la verdadera riqueza, *que sois vosotros*, tratando de convenceros de que la vida solo vale la pena si se poseen muchas cosas; desconfiad de quien quiere haceros creer que solo valéis cuando fingís ser fuertes, como los héroes de las películas, o cuando vais vestidos a la última moda. Vuestra felicidad no tiene precio y no se negocia, no es una aplicación que puede descargarse en el móvil; ni siquiera la versión más reciente podrá ayudaros a ser libres y grandes en el amor. La libertad es otra cosa.

El amor es el *don libre* de quien tiene el corazón abierto; el amor es una *responsabilidad*, pero una responsabilidad *bonita*, de por vida; es el *compromiso cotidiano* de quien sabe realizar grandes sueños. ¡Ay de los jóvenes que no saben soñar, que no se atreven a soñar! Si un joven no es capaz de soñar, es como si ya estuviera jubilado, no sirve. El amor se alimenta de confianza, de respeto y de perdón. El amor no surge porque hablemos de él, sino porque lo vivimos; no es un bonito poema que aprender de memoria, ¡es una opción de vida que se ha de poner en práctica!

Hambre y sed de justicia

«Bienaventurados los que tiene hambre y sed de justicia, porque serán saciados» (Mateo 5, 6). Sí, los que tienen un fuerte sentido de la justicia, y no solo hacia los demás, sino sobre todo hacia sí mismos, serán saciados porque están listos para recibir la justicia más grande, la que solo Dios puede dar.

La trampa terrible

Os lo pido en el nombre del Hijo de Dios, que a pesar de luchar contra el pecado nunca rechaza a ningún pecador, no caigáis en la terrible trampa de pensar que la vida depende del dinero y que todo lo demás carece de valor y dignidad. Es solo una quimera. No nos llevamos el dinero al más allá. El dinero no da la verdadera felicidad. La violencia con la que se amasan fortunas manchadas de sangre no vuelve a nadie poderoso ni inmortal. Para todos, tarde o temprano, llega el juicio de Dios del que nadie podrá huir.

¡Este es el momento de cambiar de vida! Este es el tiempo para abrir el corazón. Ante el mal cometido, incluso crímenes graves, es el momento de escuchar el llanto de las personas inocentes que han sido privadas de bienes, dignidad, afecto, de la vida misma. Permanecer en el camino del mal solo causa falsas ilusiones y tristeza. La verdadera vida es algo bien distinto. Dios no se cansa de ofrecernos la mano. Siempre está dispuesto a escuchar.

Las tres miserias

La miseria es la pobreza sin confianza, sin solidaridad, sin esperanza. Podemos distinguir tres tipos de miseria: la material, la moral y la espiritual.

La *miseria material* es la que solemos llamar pobreza y atañe a quienes viven en una condición indigna para la persona humana: privados de sus derechos fundamentales y de los bienes de primera necesidad, como la comida, el agua, las condiciones higiénicas, el trabajo, la posibilidad de desarrollo y de crecimiento cultural. Frente a esta miseria la Iglesia ofrece su servicio, su *diaconía*, para ir al encuentro de sus necesidades y curar las heridas que desfiguran el rostro de la humanidad. En los pobres y en los últimos vemos el rostro de Cristo; amando y ayudando a los pobres lo amamos y servimos a Él. Nuestro esfuerzo consiste también en buscar la manera de que cesen las violaciones a la dignidad humana, las discriminaciones y los abusos, que, en muchos casos, son el origen mismo de la miseria. Cuando el poder, el lujo y el dinero se convierten en ídolos, se anteponen a la necesidad de una distribución justa de las riquezas. Es necesario que las conciencias se conviertan a la justicia, a la igualdad, a la sobriedad y a la repartición.

Por si fuera poco, también existe la *miseria moral*, que consiste en convertirse en esclavos del vicio y del pecado. ¡Cuántas familias viven angustiadas porque alguno de sus miembros es adicto al alcohol, las drogas, el juego o la pornografía! ¡Cuántas personas han perdido el sentido de la vida, la esperanza, carecen de perspectivas para el futuro! Y cuántas personas se ven obligadas a vivir esta miseria a causa de condiciones sociales injustas, porque no tienen un trabajo que les permita alimentar con dignidad a su familia, porque los derechos a la educación y la salud no se aplican paritariamente. En estos casos, la miseria moral bien podría llamarse casi suicidio incipiente.

Esta forma de miseria, que también es causa de la ruina económica, siempre va unida a la *miseria espiritual*, de la que adolecemos cuando nos alejamos de Dios y rechazamos su amor. Si consideramos que no necesitamos a Dios, que nos ofrece su mano a través de Cristo, porque pensamos que nos bastamos a nosotros mismos, embocamos el camino del fracaso. Dios es el único que salva y libera de verdad.

La riqueza de la pobreza

Necesitamos abrazar con plena convicción la invitación del Señor: «Convertíos y creed en el Evangelio» (Marcos 1, 15).

Esta *conversión* consiste, en primer lugar, en abrir nuestro corazón para reconocer las múltiples expresiones de la pobreza y en manifestar el reino de Dios mediante un estilo de vida coherente con la fe que profesamos. A menudo los pobres son considerados personas aparte, como si fueran una categoría que requiere un particular servicio caritativo. A este propósito, seguir a Jesús implica un cambio de mentalidad, es decir, aceptar el reto de compartir y participar. Convertirnos en sus discípulos implica elegir no acumular tesoros en la tierra —que dan la falsa ilusión de una seguridad que en realidad es frágil y efímera—, estar dispuestos a liberarnos de cualquier vínculo que impida alcanzar la verdadera felicidad y bienaventuranza para reconocer lo que es duradero y no puede ser destruido por nada ni por nadie.

La enseñanza de Jesús también en este caso va a contracorriente, porque promete lo que solo los ojos de la fe pueden ver y experimentar con absoluta certeza: «Y todo el que deje casas, hermanos, hermanas, padre, madre, hijos o campos por mi causa, recibirá cien veces más y heredará la vida eterna» (Mateo 19, 29). Si no se elige ser pobre en riquezas efímeras, en poder mundano y en vanidad nunca seremos capaces de dar la vida por amor; viviremos una existencia fragmentaria, llena de buenos propósitos, pero ineficaz para transformar el mundo. Se trata, por tanto, de abrirse con decisión a la gracia de Cristo, que puede convertirnos en testigos de su caridad sin límites y devolver la credibilidad a nuestra presencia en el mundo.

Rechazar los arreglos

Hacer arreglos con el mundo es un peligro que corren los cristianos; los cristianos siempre tienen la tentación de llegar a un acuerdo con el espíritu del mundo. Rechazarlos y seguir el camino de Jesucristo es la vida del reino de los cielos, la alegría más grande, la verdadera felicidad.

> Ten buena conciencia y tendrás alegría continua.
> La recta conciencia sobrelleva muchas cosas y está muy alegre en las adversidades, mientras que la mala conciencia siempre se siente temerosa e inquieta.
> Si tu corazón no te reprende, descansarás agradablemente.
> No te regocijes sino cuando hayas obrado bien.
> Los malos nunca gozan de verdadera alegría ni tienen paz interior, porque, dice el Señor, «no hay paz para los impíos».

TOMÁS DE KEMPIS, *Imitación de Cristo*, II, VI, 1

Busquemos la verdad en nuestro interior

Si estuviera aquí, ahora, en el lugar de Pilato, mirando a los ojos a Jesús, ¿de qué me avergonzaría? Ante la verdad de Jesús, ante la verdad que es Jesús, ¿cuáles son esas mentiras mías que no se sostienen, esas dobleces mías que a Él no le gustan? Todos las tenemos. Hay que buscarlas, buscadlas. Todos albergamos segundas intenciones, llegamos a acuerdos para *arreglar las cosas*, para alejar la cruz. Necesitamos ponernos delante de Jesús para buscar nuestra propia verdad; necesitamos adorarlo para ser interiormente libres, para iluminar nuestra vida y no dejarnos engañar por las modas del momento, por los fuegos artificiales del consumismo, que nos deslumbra y paraliza. No hay que dejarse encantar por los cantos de sirena, sino tomar las riendas de nuestra vida para *dominarla*, ¡para vivirla plenamente!

Una sociedad sin corazón

No queremos que la indiferencia y el silencio hablen por nosotros. Lo que está en juego es el rostro que queremos ofrecer como sociedad y el valor de cada vida. No podemos olvidar que el progreso de nuestros pueblos no puede medirse únicamente por su desarrollo tecnológico o económico. Este depende sobre todo de la capacidad de reaccionar y de dejarse conmover por quien llama a la puerta y con su mirada desacredita y destrona a todos los falsos ídolos que hipotecan y esclavizan nuestra vida, ídolos que prometen una felicidad aparente y fugaz, construida al margen de la realidad y del sufrimiento de los demás. ¡Qué desierta e inhóspita se vuelve una ciudad cuando pierde la capacidad de compasión! Una sociedad sin corazón…, una madre estéril.

Las palabras no bastan

Cada uno de nosotros puede pensar en las personas que viven sin esperanza, hundidas en una profunda tristeza de la que tratan de salir creyendo que encontrarán la felicidad en el alcohol, en las drogas, en el juego, en el poder del dinero, en la sexualidad sin reglas...

Pero acaban aún más desilusionadas y a veces desahogan su rabia ante la vida con comportamientos violentos e indignos del ser humano. ¡Cuántas personas tristes y sin esperanza! Pensad también en los jóvenes que tras haber experimentado muchas cosas no encuentran sentido a la vida y tratan de suicidarse. ¿Por qué? Porque no tienen esperanza. Lo han probado todo, pero la sociedad, que es cruel, no puede ofrecerles esperanza. La esperanza es como la gracia: no se compra, es un don de Dios. Nosotros debemos ofrecer la esperanza cristiana con nuestro testimonio, con nuestra libertad, con nuestra alegría. El regalo que recibimos de Dios, la gracia, da esperanza. Nosotros, que tenemos la alegría de saber que no somos huérfanos, que tenemos un Padre, no podemos permanecer indiferentes. Pero ¿cómo podemos hacerlo? ¿Cómo podemos ofrecer la esperanza? ¿Proclamando por la calle «Yo tengo la esperanza»? ¡No! Debéis hacerlo con vuestro testimonio, con vuestra sonrisa.

La palabra sin el ejemplo es papel mojado. Las palabras no son suficientes.

¿Necesitas amor?

Invoca cada día al Espíritu Santo para que renueve constantemente en ti la experiencia del gran anuncio. ¿Por qué no? No pierdes nada y Él puede cambiar tu vida, puede iluminarla y darle un rumbo mejor. No te mutila, no te quita nada, sino que te ayuda a encontrar lo que necesitas, de la mejor manera. ¿Necesitas amor? No lo encontrarás en el desenfreno, usando a los demás, poseyéndolos o dominándolos. Lo hallarás de una manera que verdaderamente te hará feliz. ¿Buscas intensidad? No la vivirás acumulando objetos, gastando dinero, persiguiendo desesperadamente las cosas de este mundo. Si te dejas impulsar por el Espíritu Santo, llegará de una forma mucho más bella y satisfactoria.

La enfermedad del pesimismo

Me diréis que el mundo piensa de otro modo. Se habla mucho de amor, pero en realidad está en vigor otro principio: que cada uno se ocupe de lo suyo. Pero no os dejéis condicionar por eso, por lo que no funciona, por el mal que nos azota; no os sumáis en la tristeza, en el desánimo resignado de quien dice que nunca cambiará nada. Si se cree eso, se enferma de pesimismo. ¿Alguna vez habéis visto la cara de un joven pesimista? ¿Habéis visto que cara tiene? Una cara amargada, una cara de amargura. El pesimismo nos enferma de amargura, nos envejece por dentro. Y envejece a los jóvenes. Hoy en día hay muchas fuerzas disgregadoras que culpan a todos y todo, amplificadores de negatividad, lloricas profesionales. ¡No los escuchéis! La queja y el pesimismo no son cristianos, el Señor detesta la tristeza y el victimismo. No estamos hechos para caminar con la cabeza gacha, sino para elevar los ojos al cielo, a los demás, a la sociedad.

¡Levántate!

«Yo te lo ordeno, ¡levántate!». Este es el primer sentido de la misión sobre el que os invito a reflexionar: Jesús nos da la fuerza para levantarnos y nos pide que rechacemos la muerte y el encerrarnos en nosotros mismos, la parálisis del egoísmo, de la pereza, de la superficialidad, esas parálisis que están por todas partes y nos paralizan y nos hacen vivir una fe débil, una fe de museo, más muerta que viva. Jesús cambia esta actitud diciendo «¡levántate!», «¡levantaos!», para empujarnos hacia un futuro lleno de vida, de esperanza y de caridad hacia nuestros hermanos. La misión vuelve a ponerse en marcha cuando tomamos en serio las palabras de Jesús: «¡Levántate!».

La voz de Dios y la voz del maligno

Está la voz de Dios, que habla amablemente a la conciencia, y está la voz tentadora que induce al mal. ¿Cómo podemos distinguir la voz del buen pastor de la del ladrón? ¿Cómo podemos distinguir la inspiración de Dios de la sugerencia del maligno? Se puede aprender a diferenciar estas dos voces: hablan dos idiomas diferentes, es decir, tienen formas opuestas de llamar a nuestro corazón. Hablan diferentes idiomas. Del mismo modo que sabemos distinguir un idioma de otro, también podemos distinguir la voz de Dios de la voz del maligno. La voz de Dios nunca obliga: Él se propone, no se impone. La voz del maligno, en cambio, seduce, asalta, fuerza, despierta ilusiones deslumbrantes, emociones tentadoras pero pasajeras. Al principio halaga, nos hace creer que somos todopoderosos, pero luego nos deja vacíos por dentro y nos acusa: «No vales nada». La voz de Dios, en cambio, nos corrige con paciencia, siempre nos anima, nos consuela, siempre alimenta la esperanza; su voz tiene un horizonte. La voz del maligno nos pone entre la espada y la pared, nos arrincona.

Hay otra diferencia: la voz del enemigo nos distrae del presente y quiere que nos centremos en el miedo al futuro o en la tristeza del pasado; el enemigo no quiere que vivamos el presente y trata de que afloren de nuevo la amargura y los recuerdos de las injusticias sufridas a manos de quienes nos hicieron daño. La voz de Dios, en cambio, habla al presente: «Ahora puedes hacer el bien, ahora puedes practicar la creatividad del amor, ahora puedes renunciar a la nostalgia y el remordimiento, que mantienen tu corazón cautivo». Nos anima, nos ayuda a seguir adelante, habla al presente, al ahora.

Más diferencias: cada una de las dos voces suscita dentro de nosotros preguntas diferentes. La que viene de Dios nos dice: «¿Qué es bueno para mí?». En cambio, el tentador insistirá en otra pregunta: «¿Qué me apetece hacer?». Qué me apetece: la voz del mal siempre gira alrededor del ego, de sus pulsiones, sus necesidades, del todo inmediatamente. Es como los caprichos infantiles: todo e inmediatamente. Al contrario, la voz de Dios nunca promete alegría a precios de remate, sino que nos invita a ir más allá de nosotros mismos para encontrar el verdadero bien, la paz. Recordemos: el mal nunca nos da

paz; primero causa frenesí, pero luego deja tras de sí una estela de amargura. Así es el estilo del mal.

En definitiva, la voz de Dios y la del tentador hablan en diferentes *contextos*: el enemigo prefiere la oscuridad, la falsedad
y la murmuración; el Señor ama la luz del sol, la verdad, la
transparencia sincera. El enemigo aconsejará: «Enciérrate en ti
mismo, porque nadie te entiende ni te escucha, ¡no te fíes!». Al
contrario, el bien nos invitará a abrirnos, a ser claros y a confiar en Dios y en los demás. Queridos hermanos y hermanas,
en esta época las preocupaciones, que son muchas, nos indu-
cen a encerrarnos en nosotros mismos. Prestemos atención a
las voces que llegan a nuestro corazón. Preguntémonos de
dónde vienen. Pidamos la gracia de reconocer y seguir la voz
del buen pastor, que nos saca del redil del egoísmo y nos guía
hacia los pastos de la verdadera libertad.

El mundo está lleno de peligro, y en él hay muchos lugares
oscuros; pero aún hay muchas cosas que son justas, y aunque en
todas las tierras el amor ahora se mezcla con el dolor, quizás sea
mayor el amor.

J. R. R. TOLKIEN, *El señor de los anillos*

El diablo con la mirada lánguida

Jesús se opone a la atracción del mal y la vence. ¿Cómo lo
hace? Respondiendo a las tentaciones con la palabra de Dios,
que dice que no hay que aprovecharse, que no hay que utilizar

a Dios, a los demás y las cosas para uno mismo, que no hay que sacar partido de la propia posición para obtener privilegios. Porque la verdadera felicidad y la libertad no están en poseer, sino en compartir; no en aprovecharse de los demás, sino en amarlos; no en obsesionarse con el poder, sino en la alegría de servir.

Son tentaciones que todos tenemos a lo largo del camino de la vida. Le pasa a todo el mundo, no debemos asustarnos, sino prestar atención porque a menudo se presentan bajo la apariencia de bien.

El diablo suele presentarse con la *mirada lánguida* y con *cara de ángel*; ¡incluso sabe disfrazarse con motivaciones sagradas, aparentemente religiosas! Si cedemos a sus halagos, acabamos justificando nuestra falsedad, disfrazándola de buenas intenciones. Cuántas veces hemos escuchado, por poner un ejemplo: «He participado en negocios turbios, pero he ayudado a los pobres», «me he aprovechado de mi posición —de político, de gobernante, de sacerdote, de obispo—, pero con buena intención», «he cedido a mis impulsos, pero al fin y al cabo no he perjudicado a nadie», y así sucesivamente, excusa tras excusa.

Por favor, ¡con el mal no se negocia!, ¡con el diablo no se dialoga! Con la tentación no se debe dialogar, no debemos caer en esa ilusión de la conciencia que hace que afirmemos: «Pero si en el fondo no es tan grave, ¡todo el mundo lo hace!». Fijémonos en Jesús, que no busca acuerdos con el mal ni pacta con él. Se opone al diablo con la palabra de Dios, que es más fuerte que él, y así vence la tentación.

Renunciar al mal

Renunciar al mal significa decir no a las tentaciones, al pecado, a Satanás. Significa, en concreto, decir no a una cultura de la muerte que se manifiesta en la huida de la realidad hacia una felicidad falsa que se expresa con la mentira, el fraude, la injusticia y el desprecio del prójimo. Digamos no a todo eso. La nueva vida que se nos ha dado en el bautismo y que tiene al Espíritu como origen rechaza una conducta dominada por los sentimientos de disputa y discordia. Por eso el apóstol Pablo exhorta a eliminar del corazón «toda acritud, ira, cólera, gritos, maledicencia y cualquier clase de maldad» (Efesios 4, 31). Eso dice Pablo. Esos son los seis elementos o vicios que perturban la alegría del Espíritu Santo, envenenan el corazón y conducen a imprecaciones contra Dios y contra el prójimo.

Abrazar el bien

No es suficiente con no hacer el mal para ser un buen cristiano; es necesario *abrazar el bien* y hacer el bien. «Sed más benévolos los unos con los otros, misericordiosos, perdonaos mutuamente como Dios os perdonó en Cristo» (v. 32), dice san Pablo. A menudo escuchamos a la gente afirmar: «Yo no le hago daño a nadie», y creerse un santo por eso. De acuerdo, pero ¿haces el bien? Hay muchas personas que no hacen el mal, pero tampoco el bien, y su vida transcurre en la indiferencia, la apatía, la tibieza. «Está muy bien no hacer el mal, pero está muy mal no hacer el bien», decía san Alberto Hurtado.

¡Hoy os exhorto a que seáis protagonistas del bien! Protagonistas del bien. No os sintáis a gusto cuando no hacéis el mal, porque somos culpables del bien que pudimos hacer y no hicimos. No es suficiente con no odiar, hay que perdonar; no es suficiente con no guardar rencor, debemos rezar por nuestros enemigos; no es suficiente no ser causa de disputa, debemos llevar paz donde no la hay; no es suficiente con no hablar mal de los demás, debemos interrumpir a quien habla mal de otro, interrumpir la murmuración. Eso es hacer el bien. Si no nos oponemos al mal, lo alimentamos tácitamente. Es necesario intervenir donde el mal se propaga, porque el mal se extiende donde faltan cristianos audaces que se opongan a él con el bien, «caminando en la caridad», según el consejo de san Pablo.

Limpiar el corazón de las mentiras que lo ensucian

Jesús echó del Templo de Jerusalén a los cambistas y a los comerciantes. ¿Por qué hizo ese gesto tan tajante, tan provocador? Lo hizo porque el Padre le había ordenado que purificara el templo, no solo el templo entendido como edificio, sino sobre todo el de nuestro corazón. Al igual que Jesús no toleró que la casa del Padre se convirtiera en un mercado, tampoco desea que nuestro corazón sea un lugar de agitación, desorden y confusión. Hay que limpiar el corazón, ponerlo en orden, purificarlo. ¿De qué? De las mentiras que lo ensucian, de la doblez de la hipocresía. Todos las tenemos. Son enfermedades que perjudican al corazón, que manchan la vida, la falsean. Necesitamos limpiarlo de nuestras falsas seguridades, que comercian la fe en Dios con cosas que ocurren, con la conveniencia del momento. Necesitamos que se eliminen de nuestro corazón y de la Iglesia las nefastas sugestiones del poder y del dinero. Y para limpiar el corazón hay que ensuciarse las manos, sentirse responsables y no quedarse de brazos cruzados mientras el hermano y la hermana sufren. Pero ¿cómo se purifica el corazón? Solos no somos capaces, necesitamos a Jesús. Él tiene el poder de vencer nuestros males, de curar nuestras enfermedades, de restaurar el templo de nuestro corazón.

Los fracasos son positivos

¿Cómo es mi mirada? ¿Miro con ojos atentos o como cuando echo un vistazo a los miles de fotos de mi móvil o a los perfiles sociales? ¡Cuántas veces somos testigos oculares de sucesos que nunca presenciamos! A veces, nuestra primera reacción es grabar la escena con el móvil, omitiendo quizá mirar a los ojos a las personas involucradas.

A nuestro alrededor, pero a veces también en nuestro interior, encontramos realidades de muerte física, espiritual, emotiva, social. ¿Nos damos cuenta o simplemente sufrimos sus consecuencias? ¿Hay algo que podamos hacer para llevar de nuevo la vida?

Hay quien, por ejemplo, lo apuesta todo por el presente, poniendo en peligro su propia vida con experiencias extremas.

Otros jóvenes, en cambio, están *muertos* porque han perdido la esperanza. Escuché decir a una joven: «Algunos de mis amigos han perdido las ganas de ponerse en juego, el valor para levantarse». Por desgracia, también entre los jóvenes se extiende la depresión, que en algunos casos puede llevar incluso a la tentación de quitarse la vida. ¡Cuántas situaciones en las que reina la apatía, en las que caemos en el abismo de la angustia y del remordimiento! ¡Cuántos jóvenes lloran sin que nadie escuche el grito de su alma! A su alrededor hay miradas distraídas, indiferentes, las miradas de quienes quizá disfrutan de su hora feliz manteniéndose a distancia.

Hay quien va tirando con superficialidad, creyéndose vivo mientras que en realidad está muerto por dentro. Uno se puede encontrar con veinte años arrastrando su vida por el fango, sin estar a la altura de la propia dignidad. Todo se reduce a un *dejar pasar la vida* buscando alguna gratificación: un poco de diversión o algunas migajas de atención y de afecto por parte de los demás... Hay también un difuso narcisismo digital, que influye tanto en los jóvenes como en los adultos. ¡Muchos viven así! Algunos de ellos quizá han respirado el materialismo de quien solo piensa en ganar dinero y alcanzar una posición, como si esas fueran las únicas metas de la vida. Con el tiempo aparecerá inevitablemente un sordo malestar, la apatía, un cansancio vital cada vez más acuciante.

Las actitudes negativas también pueden estar provocadas por los fracasos personales, cuando algo que nos importaba, para lo que nos habíamos esforzado, no progresa o no alcanza los resultados esperados. Puede suceder en el ámbito escolar, con las aspiraciones deportivas o artísticas... El final de un *sueño* puede hacer que nos sintamos acabados. Pero los fracasos forman parte de la vida de todo ser humano e incluso, en ocasiones, ¡pueden revelarse una gracia! A menudo lo que pensábamos que nos haría felices resulta ser una falsa ilusión, un ídolo. Los ídolos nos lo exigen todo y nos convierten en sus esclavos, pero no dan nada a cambio. Y al final se derrumban, dejando a su paso solo polvo y humo. En este sentido, si el fracaso conlleva la caída del ídolo, es una bendición, aunque nos haga sufrir.

Dios nos quiere conectados a la vida

Para que el amor dé fruto, no os olvidéis de sus *raíces*. ¿Cuáles son las vuestras? Los padres y sobre todo los abuelos. Prestad atención: los abuelos. Ellos os han aplanado el terreno. Regad las raíces, id a ver a vuestros abuelos, os sentará bien. Hacedles preguntas, dedicad tiempo a escuchar sus historias. Hoy en día se corre el peligro de crecer desarraigados porque tendemos a correr, a hacerlo todo de prisa. Lo que vemos en internet llega inmediatamente a nuestras casas; basta un clic y las personas y las cosas aparecen en la pantalla. Y luego resulta que se vuelven más familiares que los rostros de quienes nos han engendrado. Rodeados de mensajes virtuales corremos el riesgo de perder las raíces reales. Desconectarnos de la vida, fantasear con el vacío no es bueno, es una tentación del maligno. Dios nos quiere bien plantados en la tierra, *conectados a la vida*, nunca encerrados en nosotros mismos, sino siempre abiertos a todos. Enraizados y abiertos.

A MI VENERABLE ABUELA, EN SU 72.º CUMPLEAÑOS

Querida abuela: tú has pasado por muchas cosas y ahora descansas dichosa. Y todos, familiares y extraños, pronuncian con amor tu nombre. También yo te venero bajo la plateada corona de la vejez, rodeada de niños que maduran, crecen y florecen. Por ser tan dulce has vivido tanto tiempo y la esperanza fue tu sostén amigo en el dolor. Porque eres apacible y devota, igual que la madre que antaño dio a luz al Hombre mejor, amigo de nuestra tierra. Lamentablemente ya nadie parece recordar el paso del Altísimo entre los pueblos y así casi por completo se ha olvidado lo que fue su vida. Pero algunos aún lo frecuentan, y a menudo, en medio de agitados tiempos, su celestial imagen disipa los nubarrones. Perdonando todo y en silencio, Él pasaba entre los mortales, Hombre sin par, animado por el espíritu divino. Nadie que viviera era un extraño a su alma y estrechaba contra su corazón dolorido todos los dolores de este mundo. Así acogió a la muerte, como amiga, por amor al prójimo. Y ascendió triunfalmente hasta su Padre, desde el dolor y los tormentos. También tú lo sabes, abuela mía, y sigues su ejemplo sublime en la fe, la paciencia y la dulce serenidad. ¡Mira! estas filiales palabras me han rejuvenecido y lágrimas brotan, como antes, de mis ojos. Y en mi fantasía veo días hace ya mucho terminados y mi corazón solitario se complace recordando la patria; allí estaba la casa donde crecí con tus bendiciones y donde, nutrido de ternuras, el niño floreció mejor. ¡Ah! He pensado que un día te haría feliz, cuando me veía en el futuro, activo en el vasto mundo. ¡Cuánto he probado y soñado desde entonces, y cuánto gasté mi corazón en el combate! Pero vosotros, todos los que amo, me

curáis pronto. Y sabré vivir tan largos años como tú, abuela querida. Apacible y devota en la vejez. Voy hacia ti, bendice una vez
más a tu nieto y así pueda el hombre cumplir la promesa del
niño que fue.

FRIEDRICH HÖLDERLIN, *Grandes elegías*

Sacudíos el sopor del alma

Hay que prestar atención en no sumir nuestros días en la costumbre, en que las incumbencias de la vida no nos abrumen,
dice Jesús. Preguntémonos, pues: ¿qué abruma mi corazón?,
¿qué abruma mi espíritu?, ¿qué hace que me hunda en el sillón
de la pereza? ¡Qué triste es ver cristianos *de sofá*! ¿Qué medio-
cridades me paralizan? ¿Qué vicios me aplastan contra el suelo
y me impiden levantar la cabeza? Y con respecto a las cargas
que se echan sobre los hombros de los hermanos, ¿reacciono
o me muestro indiferente? Estas preguntas nos sientan bien
porque nos ayudan a guardarnos de la acidia. Pero, padre, dí-
ganos, ¿qué es la acidia? Es un gran enemigo de la vida espiritual, también de la cristiana. La acidia es la pereza que nos
sume en la tristeza, que nos quita la alegría de vivir y las ganas
de actuar. Es un espíritu negativo, es un espíritu maligno que
hunde el alma en el sopor, robándole la alegría. Se empieza por
una cierta tristeza, y poco a poco nos hundimos en ella hasta
perder la alegría. El Libro de los Proverbios dice: «Vela por tu
corazón, porque de él mana la vida» (Proverbios 4, 23). Velar
por el corazón, ¡eso significa prestar atención y vigilar!

Refieren las historias orientales
la de aquel rey del tiempo, que sujeto
a tedio y esplendor, sale en secreto
y solo, a recorrer los arrabales
y a perderse en la turba de las gentes
de rudas manos y de oscuros nombres;
hoy, como aquel Emir de los Creyentes,
Harún, Dios quiere andar entre los hombres
y nace de una madre, como nacen
los linajes que en polvo se deshacen,
y le será entregado el orbe entero,
aire, agua, pan, mañanas, piedra y lirio,
pero después la sangre del martirio,
el escarnio, los clavos y el madero.

JORGE LUIS BORGES, *Juan I, 14*

Un inagotable deseo de felicidad

Si de verdad dejáis que afloren las aspiraciones más profundas de vuestro corazón, os daréis cuenta de que en vosotros hay un deseo inagotable de felicidad, y esto os permitirá desenmascarar y rechazar las *ofertas a precio de liquidación* que hay a vuestro alrededor. Cuando buscamos el éxito, el placer, el poseer en modo egoísta y los convertimos en ídolos, también podemos experimentar momentos de embriaguez, un falso sentimiento de satisfacción, pero al final nos convertimos en sus esclavos, nunca estamos satisfechos, y sentimos la necesidad de buscar cada vez más. Qué triste es ver a una juventud *harta* pero débil.

San Juan dice a los jóvenes: «Sois fuertes y la palabra de Dios permanece en vosotros, y habéis vencido al Maligno» (1 Juan 2, 14). ¡Los jóvenes que eligen a Jesús son fuertes, se alimentan de su palabra y no se *hartan* de otras cosas! Atreveos a ir a contracorriente. ¡Tened el valor de buscar la verdadera felicidad! ¡Rechazad la cultura de lo provisional, de la superficialidad y del usar y tirar, que no os considera capaces de asumir responsabilidades y de afrontar los grandes desafíos de la vida!

Sed los protagonistas de vuestra historia

Nuestros recuerdos no deben amontonarse como en la memoria de un disco duro. Y tampoco se puede almacenar todo en una *nube* virtual. Tenemos que aprender a convertir el pasado en una realidad dinámica sobre la cual reflexionar y sacar una enseñanza, un sentido para nuestro presente y nuestro futuro. Descubrir el hilo conductor del amor de Dios que une toda nuestra existencia es una tarea difícil pero necesaria.

Hay quien afirma que los jóvenes son olvidadizos y superficiales. ¡No estoy de acuerdo en absoluto! Pero hay que reconocer que vivimos en una época en que tenemos que recuperar la capacidad de reflexionar sobre nuestra vida y proyectarla hacia el futuro. Tener un pasado no es lo mismo que tener una historia. Podemos tener muchos recuerdos, pero ¿cuántos forman realmente parte de nuestra memoria? ¿Cuántos son significativos para nuestros corazones y nos ayudan a dar sentido a nuestra existencia? En las redes sociales aparecen muchos rostros de jóvenes en multitud de fotografías que retratan hechos más o menos reales, pero no sabemos cuánto de todo eso es *historia*, experiencia que pueda ser contada, que posea una finalidad y un sentido. En la televisión abundan los conocidos como *programas de telerrealidad*, pero no son historias reales, no son más que un tiempo que pasan delante de una cámara, en los que los personajes viven al día, sin un proyecto. ¡No os dejéis engañar por esa falsa imagen de la realidad! ¡Sed protagonistas de vuestra historia y decidid vuestro futuro!

V

La felicidad es soñar con cosas reales

Dios llega de noche

Dios llega de noche, entre las nubes a menudo tenebrosas que se ciernen sobre nuestra vida. Todos conocemos esos momentos. Hay que saber reconocerlo, mirar más allá de la noche, levantar la mirada para discernirlo en la oscuridad.

Queridos jóvenes, ¡mirad con atención dentro de las visiones nocturnas! ¿A qué me refiero? A que mantengáis los ojos luminosos incluso en medio de las tinieblas, a que no dejéis de buscar la luz en la oscuridad que a menudo envuelve nuestro corazón y el mundo que nos rodea. Levantar la mirada hacia lo alto, no para huir, sino para vencer la tentación de permanecer inmóviles, tumbados sobre nuestros miedos. En eso consiste el peligro, en que nuestros miedos nos gobiernen.

No permanezcáis encerrados en vuestros pensamientos, compadeciéndoos de vosotros mismos. Levantad la mirada, ¡levantaos! Esta es mi invitación: levanta la mirada, ¡levántate!

Es la tarea más ardua, pero más fascinante que se os ha dado: manteneros de pie mientras todo parece derrumbarse, ser centinelas que saben distinguir la luz en las visiones nocturnas, ser constructores en medio de los escombros —¡hay tantos en el mundo de hoy día!—, ser capaces de soñar. Para mí, esta es la clave: un joven que no es capaz de soñar, pobrecito, ¡ha envejecido antes de tiempo!

Ser capaces de soñar, porque eso es lo que hace quien sueña: no se deja absorber por la oscuridad, sino que enciende una llama, una luz de esperanza que anuncia el mañana. Soñad, sed espabilados y mirad el futuro con valentía.

¿Cuál es el sueño de la vida?

Todo el mundo sueña con realizarse en la vida. Es legítimo tener grandes expectativas, grandes metas, en vez de objetivos efímeros —como el éxito, el dinero y la diversión—, que no son capaces de satisfacernos. De hecho, si pidiéramos a la gente que expresara en una sola palabra el sueño de su vida, no sería difícil imaginar la respuesta: «amor». Es el amor lo que da sentido a la vida, porque revela su misterio. La vida, en efecto, solo se *tiene* si se *da*, solo se posee de verdad si se entrega plenamente.

> Tus manos son mi caricia
> mis acordes cotidianos
> te quiero porque tus manos
> trabajan por la justicia
> [...]
> tus ojos son mi conjuro
> contra la mala jornada

te quiero por tu mirada
que mira y siembra futuro
[...]
te quiero en mi paraíso
es decir que en mi país
la gente viva feliz
aunque no tenga permiso

si te quiero es porque sos
mi amor mi cómplice y todo
y en la calle codo a codo
somos mucho más que dos.

MARIO BENEDETTI, *Te quiero*

Lo contrario de *yo* es *nosotros*

La Biblia nos dice que los *grandes sueños* son aquellos capaces de
ser fecundos, de sembrar paz, fraternidad y alegría. Son grandes sueños los que incluyen a todos en un *nosotros*. Una vez,
un sacerdote me preguntó: «Dígame, ¿qué es lo contrario de
yo?». Y yo, ingenuo, caí la trampa y respondí: «Lo contrario
de *yo* es *tú*». «No, padre, eso es la semilla de la guerra. Lo contrario de *yo* es *nosotros*». Si afirmo que lo contrario es *tú*, hago la
guerra; si afirmo que lo contrario del egoísmo es *nosotros*, hago
comunidad, fomento sueños de amistad, de paz. Los sueños
verdaderos son aquellos de *nosotros*. Los grandes sueños incluyen, involucran, son extrovertidos, comparten, generan
nueva vida. Y los grandes sueños, para seguir siéndolo, nece-

sitan una fuente inagotable de esperanza, un infinito que los inspira y los dilata. Los grandes sueños necesitan a Dios para no convertirse en espejismos o en delirio de omnipotencia. Puedes soñar grandes cosas, pero hacerlo en soledad es peligroso, porque puede caerse en el delirio de omnipotencia. Pero no tengas miedo de hacerlo con Dios: sigue adelante. Sueña en grande.

No pongamos límites al horizonte

No renunciemos a los grandes sueños. No nos contentemos con lo que nos toca. El Señor no desea que limitemos nuestros horizontes ni que aparquemos en las cunetas de la vida, sino que aspiremos a metas ambiciosas con alegría y audacia. No estamos hechos para limitar nuestros sueños a las vacaciones o los fines de semana, sino para cumplir en este mundo los sueños de Dios. Él nos ha hecho capaces de soñar para abrazar la belleza de la vida. Las obras de misericordia son las obras más bellas de la vida. Se colocan justo en el centro de nuestros grandes sueños. Si tienes sueños de gloria verdadera, no de la gloria del mundo pasajero, sino de la gloria de Dios, este es el camino. Lee el pasaje del Evangelio de Mateo (25, 34-40) y reflexiona. Porque las obras de misericordia dan más gloria a Dios que cualquier otra cosa. Escuchad bien esto: las obras de misericordia dan más gloria a Dios que cualquier otra cosa. Al final seremos juzgados por las obras de misericordia.

¡Qué bien sé yo la fonte que mana y corre,
aunque es de noche!
Aquella eterna fonte está escondida.
¡Qué bien sé yo do tiene su manida
aunque es de noche!
Su origen no lo sé pues no le tiene
mas sé que todo origen della viene
aunque es de noche.
Sé que no puede ser cosa tan bella,
y que cielos y tierra beben della
aunque es de noche.
[...]
Su claridad nunca es escurecida
y sé que toda luz de ella es venida
aunque es de noche.
[...]

SAN JUAN DE LA CRUZ, *Aunque es de noche*

Si elegimos amar somos felices

Pero ¿por dónde se empieza a realizar los grandes sueños? Por las *grandes decisiones*. Las Sagradas Escrituras también nos hablan de eso. En efecto, en el juicio final el Señor tendrá en cuenta las decisiones que tomamos. El Evangelio dice que separará a la multitud reunida ante Él como el pastor separa las ovejas de las cabras (Mateo 25, 32-33). Casi parece que no juzga, porque ser buenos o malos depende de nosotros. Él solo mira las consecuencias de nuestras decisiones, las pone de manifiesto y las respeta. La vida es, pues, el tiempo de las decisiones firmes, fundamentales, eternas. Decisiones banales conducen a una vida banal, grandes decisiones a una vida grande. En efecto, nos convertimos en lo que elegimos, para bien y para mal. Si elegimos robar, nos convertimos en ladrones; si elegimos pensar en nosotros mismos, nos volvemos egoístas; si elegimos odiar, nos convertimos en personas enfadadas; si elegimos pasar horas delante del móvil, nos convertimos en adictos. Pero si elegimos a Dios, nos convertimos en seres cada día más amados; y si elegimos amar, cada día somos más felices. Es así porque *la belleza de las decisiones depende del amor*, no lo olvidéis. Jesús sabe que si vivimos encerrados en nosotros mismos e indiferentes nos paralizamos, pero que si nos entregamos a los demás nos hacemos libres. La vida solo se posee si se regala. El Señor de la vida nos da el secreto —que también es una regla— de la vida: se posee, ahora y para la eternidad, solo si se da.

No dependamos de los porqués de la vida

Es verdad que hay obstáculos que hacen difícil elegir: a menudo el miedo, la inseguridad, los porqués sin respuesta. Cuántos porqués. Sin embargo, el amor nos pide que vayamos más allá, que no dependamos de los porqués de la vida y permanezcamos a la espera de que el cielo nos dé una respuesta. La respuesta ya ha llegado: es la mirada del Padre que nos ama y nos ha enviado a su Hijo. El amor impulsa a pasar de los *porqués* al *para quién*, del *por qué vivo* al *para quién vivo*, del *por qué me pasa esto* al *a quién puedo hacer el bien*. ¿A quién? No solo a mí mismo; la vida ya está llena de decisiones que tomamos pensando en nuestro provecho —tener un título de estudios, amigos, una casa—, para satisfacer nuestros intereses, nuestros pasatiempos. Pero corremos el riesgo de que pasen los años pensando en nosotros mismos sin empezar a amar. Manzoni nos dio un hermoso consejo: «Se debería pensar más en hacer el bien que en estar bien, y así se acabaría por estar mejor» (*Los novios*, cap. xxxviii).

Pero no son solo las dudas y los porqués los que debilitan las grandes elecciones generosas, todos los días aparecen muchos más obstáculos. Está la fiebre del consumo, que anestesia el corazón con cosas superfluas; la obsesión por la diversión, que parece el único modo para evadirse de los problemas y en cambio es solo una manera de posponerlos; la obsesión por reclamar los propios derechos, olvidando el deber de ayudar, y la gran ilusión que atañe al amor, que parece que solo merezca la pena vivirse a fuerza de emoción, mientras que amar es sobre todo don, decisión y sacrificio. Elegir, sobre todo en nuestro tiempo, es no dejarse domesticar por la homologación, no dejarse anestesiar por los mecanismos del consumismo que anulan la originalidad y saber renunciar a las apariencias y a exhibirse. Elegir la vida es luchar contra la mentalidad del usar y tirar y del tenerlo todo inmediatamente para conducir nuestra existencia hacia la meta del cielo, hacia los sueños de Dios. Elegir la vida es vivir, y nosotros hemos nacido para vivir, no para ir tirando.

Cada día se nos ofrecen muchas cosas para elegir. Quisiera daros un último consejo para que os entrenéis a elegir bien. Si miramos nuestro interior, vemos que a menudo se suscitan en nosotros dos preguntas distintas. Una es: *¿qué me apetece hacer?* Es una pregunta engañosa porque insinúa que lo importante es pensar en uno mismo y secundar los deseos e impulsos que uno tiene. Sin embargo, la pregunta que el Espíritu Santo sugiere a nuestro corazón es otra: ¿qué es bueno para mí? He aquí la decisión cotidiana: ¿qué me apetece o qué me conviene? De nosotros depende que de esta búsqueda interior nazcan decisiones banales o decisiones que marcarán nuestra vida. Dirijamos la mirada a Jesús y pidámosle que nos dé valor para elegir lo que es bueno para nosotros, para seguir sus huellas en el camino del amor, y encontrar la alegría.

> […] El hombre, mientras está en este mundo, es un enfermo que se encuentra en una cama más o menos incómoda, y ve a su alrededor otras camas, bien hechas por fuera, lisas, mullidas: y se figura que en ellas se debe de estar muy bien. Mas si consigue cambiar, apenas se ha instalado en la nueva, empieza, con el peso, a sentir, aquí una paja que lo pincha, allí un bulto que lo oprime: estamos, en suma, más o menos como al principio. Y por eso […] se debería pensar más en hacer el bien, que en estar bien: y así se acabaría también por estar mejor.
>
> ALESSANDRO MANZONI, *Los novios*

No tengáis miedo de arriesgaros, sino de vivir paralizados

Debemos perseverar en el camino de los sueños. Para ello, hay que tener en cuenta una tentación que suele jugarnos una mala pasada: la ansiedad. Puede convertirse en una gran enemiga cuando nos empuja a dejar de luchar porque descubrimos que los resultados no son inmediatos. Los sueños más bellos se conquistan con esperanza, paciencia y empeño, renunciando a las prisas. Al mismo tiempo, no hay que paralizarse por inseguridad, no hay que tener miedo de arriesgarse y de cometer errores. Sí hay que tener miedo de vivir paralizados, como muertos en vida, convertidos en seres que no viven porque no quieren arriesgarse, porque no perseveran en sus convicciones o porque tienen miedo de equivocarse. Aunque te equivoques siempre podrás levantar la cabeza y volver a empezar, porque nadie tiene derecho a robarte la esperanza.

Convertid vuestros sueños en vuestro futuro

Los sueños son importantes. Mantienen nuestros ojos bien abiertos, nos ayudan a abrazar el horizonte, a cultivar la esperanza en cada acción diaria. Y los sueños de los jóvenes son los más importantes de todos. Un joven que no puede soñar es un joven anestesiado que no podrá entender la vida, la fuerza de la vida. Los sueños te despiertan, te llevan más allá, son las estrellas más brillantes, las que indican un camino diferente para la humanidad. Vosotros tenéis en vuestro corazón estas estrellas brillantes que son vuestros sueños, son vuestra responsabilidad y vuestro tesoro. ¡Convertidlos también en vuestro futuro! En eso consiste vuestra tarea, en transformar los sueños de hoy en la realidad del futuro, y eso requiere valor.

Sacadlos adelante con valor ante los obstáculos, las dificultades, ante todo lo que los apaga.

Cuidado con los sueños que adormecen

Los sueños deben crecer, deben purificarse, ponerse a prueba y también compartirse. Pero ¿alguna vez os habéis preguntado dónde nacen vuestros sueños? ¿Nacen mirando la televisión?, ¿escuchando a un amigo?, ¿soñando con los ojos abiertos? ¿Son grandes sueños o sueños pequeños y miserables que se contentan con lo que nos toca? Esos son sueños de comodidad, sueños de bienestar: «No, no, estoy bien así, no voy a seguir». ¡Son sueños que no harán de tu vida algo más grande! ¡Te convertirán en un muerto en vida! Son sueños de tranquilidad, sueños que adormecen a los jóvenes y que hacen de un joven valiente un joven *de sofá*.

Un loco llamado Francisco

Los sueños de los jóvenes dan un poco de miedo a los adultos. Quizá porque dejaron de soñar y arriesgarse, algo que pasa a menudo en la vida. Quizá les dan miedo porque vuestros sueños ponen en entredicho las decisiones que tomaron en la vida; o quizá porque cuando un joven sueña va muy lejos. Pero no os dejéis robar vuestros sueños.

Hay un chico, aquí en Italia, que a los veinte o veintidós años empezó a soñar en grande. Su padre, un hombre de negocios, trató de disuadirlo, pero él respondió: «No, quiero soñar con lo que siento dentro». Y al final se marchó para soñar. Su padre lo siguió, pero él se refugió en el obispado, se desnudó y le dio sus ropas a su padre: «Deja que siga mi camino», dijo. Ese joven italiano del siglo XIII, se llamaba Francisco y cambió la historia de Italia. Francisco se arriesgó a soñar en grande. Pensemos en ello: era un joven como hemos sido todos, como sois vosotros. Pero ¡cómo soñaba! Decían que estaba loco porque soñaba así. Hizo mucho bien y sigue haciéndolo.

Ofreced vuestros sueños

No dejéis de soñar y convertíos en maestros de sueños. El sueño da una gran fuerza. «Padre, ¿y dónde puedo comprar las pastillas para soñar?». ¡No, esas no! Esas no te hacen soñar, ¡esas te adormecen el corazón! Te queman las neuronas, te destrozan la vida. «Pues ¿dónde puedo comprar sueños?». Los sueños no se compran. Los sueños son un regalo, un regalo de Dios, un regalo que Dios siembra en vuestros corazones. Los sueños se nos dan de forma gratuita para que también los demos de forma gratuita a los demás. Ofreced vuestros sueños: nadie os quitará nada aceptándolos. Ofrecedlos gratuitamente a los demás.

Artesanos de esperanza

¿Qué puede liberar más adrenalina que esforzarse todos los días, con dedicación, en ser artesanos de sueños, artesanos de esperanza? Los sueños nos ayudan a mantener viva la certeza de saber que otro mundo es posible y que estamos invitados a involucrarnos y formar parte de él con nuestro trabajo, con nuestro compromiso y nuestros actos.

Donde no hay sueños hay quejas y resignación

Uno de los principales problemas de los jóvenes de hoy en día es que han perdido la capacidad de soñar. No sueñan ni mucho ni poco; y cuando una persona no sueña, cuando un joven no sueña, el espacio de los sueños lo ocupa el lloriqueo y la resignación, o la tristeza. De ahí que jamás se sueñe demasiado.

Defender los propios sueños

Empieza a soñar. Suéñalo todo. Acude a mi mente aquella canción tan bonita *Nel blu dipinto di blu, felice di stare lassù*. Soñar así, descaradamente, sin vergüenza. Soñar. Soñar es la palabra. Y defender los sueños como se defiende a los hijos. Esto es difícil de entender, pero es fácil de sentir: cuando tienes un sueño, algo que no sabes cómo contar, lo proteges y lo defiendes para que la rutina diaria no te lo quite.

Las dos características de los niños que atraen a casi todas las personas normales son, en primer lugar, el hecho de que son muy serios, y, en segundo lugar, el hecho de que son muy felices. Los niños gozan de esa alegría total que solo es posible en ausencia de sentido del humor. Las escuelas y los sabios más herméticos nunca han tenido la seriedad que expresan los ojos de un bebé de tres meses. Su seriedad es el asombro ante el universo, y esta seriedad no es misticismo, sino un trascendental sentido común. El atractivo de los niños consiste en que todo debe hacerse de nuevo y el universo se pone a prueba. Cuando caminamos por la calle y mirando hacia abajo vemos las encantadoras cabecitas bulbosas de estas setas humanas, de un tamaño tres veces mayor al que deberían tener en proporción al cuerpo, antes que nada deberíamos recordar que cada una de esas esferas contiene un universo nuevo, flamante, tan nuevo como era el mundo el séptimo día de la creación. Cada una de ellas alberga un nuevo sistema de estrellas, una nueva yerba, nuevas ciudades, un nuevo mar. La mente sana siempre contiene el vago presentimiento de que la religión enseña a excavar en vez que a escalar; que una vez que se comprenda la arcilla común comprenderemos cualquier cosa. Del mismo modo, tenemos la sensación de que si pudiéramos borrar la costumbre de golpe y ver las estrellas con los ojos de un niño no habría necesidad de otro apocalipsis.

G. K. Chesterton, *El acusado*

Necesitamos el ardor de los jóvenes

Quisiera deciros lo siguiente: nosotros, todos nosotros, os agradecemos que soñéis. «Pero ¿en serio? Los jóvenes, cuando sueñan, a veces hacen ruido…». Haced ruido, porque el ruido que hacéis es fruto de vuestros sueños. Cuando hacéis de Jesús el sueño de vuestras vidas y lo abrazáis con alegría, con un entusiasmo contagioso que nos sienta bien a todos, significa que no queréis vivir en la noche. Gracias, gracias por las veces que sois capaces de seguir soñando con valentía, por las veces que no dejáis de creer en la luz aún en medio de las noches de la vida, por las veces que os comprometéis con pasión para hacer de nuestro mundo un lugar más hermoso y humano. Gracias por las veces que cultiváis el sueño de la fraternidad, por las veces que os preocupáis por las heridas de la creación, por las veces que lucháis por la dignidad de los más débiles y difundís el espíritu de la solidaridad y el compartir. Y, sobre todo, gracias porque en un mundo en el que solo cuenta el beneficio inmediato y tiende a reprimir los grandes ideales, ¡vosotros no perdéis la capacidad de soñar! No viváis adormecidos o anestesiados, no. Soñad estando vivos. Esto nos ayuda a nosotros, los adultos, y a la Iglesia. Sí, como Iglesia también necesitamos soñar, ¡necesitamos el entusiasmo y el ardor de los jóvenes para ser testigos de Dios, que siempre es joven!

Solos se corre el riesgo de ver espejismos

¡Qué importante es soñar juntos! Por favor, soñad juntos, no solos; *soñad con los demás, ¡no contra ellos!* Solos se corre el riesgo de ver espejismos que te muestran lo que no hay. Los sueños se construyen con los demás.

Cultivemos sanas utopías

No hagamos caso a las personas desilusionadas e infelices; no escuchemos a quien recomienda cínicamente no cultivar esperanzas en la vida; no nos fiemos de quien apaga de raíz el entusiasmo afirmando que no hay esfuerzo que valga el sacrificio de toda una vida; no escuchemos a los *viejos* corazones que reprimen la euforia juvenil. ¡Escuchemos a los viejos que tienen los ojos brillantes de esperanza! Cultivemos sanas utopías. Dios nos quiere capaces de soñar como Él y con Él, mientras caminamos manteniéndonos vigilantes. Soñemos con un mundo diferente. Y cuando un sueño se apague, soñémoslo de nuevo.

La hermandad humana, un sueño posible

No estamos solos. Dios se ha acercado a nosotros. No con palabras, sino con su presencia: Dios se encarnó en Jesús. Y con Jesús, que se hizo hermano nuestro, reconocemos en cada hombre un hermano, en cada mujer una hermana. Animados por esta comunión universal, como comunidad creyente podemos colaborar sin miedo por el bien de todos; sin aislamiento, sin puntos de vista excluyentes, sin prejuicios. Como cristianos estamos llamados a un amor sin fronteras y sin límites, signo y testimonio de que podemos abatir los muros del egoísmo y de los intereses personales y nacionales; más allá del poder del dinero, que a menudo decide las causas de los pueblos; más allá de las barreras ideológicas, que separan y amplifican el odio; más allá de las barreras históricas y culturales y, sobre todo, más allá de la indiferencia, de la cultura de la indiferencia tristemente cotidiana. Todos podemos ser hermanos, de ahí que podamos y debamos pensar y actuar como hermanos de todos. Puede parecer una utopía inalcanzable. Preferimos creer, en cambio, que es un sueño realizable, porque es el mismo sueño del Dios uno y trino. Con su ayuda, es un sueño que puede empezar a cumplirse también en este mundo.

> Soy hombre: duro poco
> y es enorme la noche.
> Pero miro hacia arriba:
> las estrellas escriben.
> Sin entender comprendo:
> también soy escritura
> y en este mismo instante
> alguien me deletrea.

OCTAVIO PAZ, *Hermandad*

VI

La felicidad es revolucionaria

El mapa de la vida cristiana

En el Evangelio, Jesús se dirige a sus discípulos, a todos nosotros, llamándonos bienaventurados (Mateo 5, 3). Es la palabra con la cual inicia su predicación, que es evangelio, que significa buena noticia porque es el camino de la felicidad. Quien está con Jesús es bienaventurado y feliz. La felicidad no consiste en poseer o en ser alguien, no, la felicidad verdadera es estar con el Señor y vivir por amor.

Los ingredientes para una vida feliz se llaman *bienaventuranzas*: son bienaventurados los sencillos, los humildes que hacen hueco a Dios, que saben llorar por los demás y por sus propios errores, son apacibles, luchan por la justicia, son misericordiosos con todos, custodian la pureza del corazón, obran siempre por la paz y siempre están alegres, no odian e, incluso cuando sufren, responden al mal con el bien.

Estas son las bienaventuranzas. No requieren aspavientos, no son para superhombres, sino para los que cotidianamente se enfrentan a las pruebas y los obstáculos, para nosotros. Así son los santos: respiran como todos el aire contaminado del mal que existe en el mundo, pero a lo largo del camino nunca pierden de vista las huellas de Jesús, que indican las bienaventuranzas, que son como un mapa de la vida cristiana.

Las bienaventuranzas te conducen a la felicidad

¿Qué significa la palabra *bienaventurado*? ¿Por qué cada una de las ocho bienaventuranzas empieza con la palabra *bienaventurado*? La palabra original no indica a alguien con la barriga llena o que se pega la gran vida, sino a una persona que está en una condición de gracia, que progresa en el camino de Dios, en su gracia. Quienes hacen progresos en la paciencia, la pobreza, el servicio a los demás, el consuelo, etc. son felices y serán bienaventurados.

Dios, para entregarse a nosotros, elige a menudo caminos inescrutables, a veces los de nuestros límites, los de nuestras lágrimas, los de nuestras derrotas. Es la alegría pascual, que tiene estigmas pero está viva, ha cruzado la muerte y ha experimentado el poder de Dios. Las bienaventuranzas siempre conducen a la felicidad; son el camino para alcanzar la alegría.

> Yo lo anuncio a todos:
> Él, está vivo, Resucitado
> Presente, en medio de nosotros,
> en la eternidad, con nosotros.
> Se lo digo a todos. Cada uno igualmente
> a sus amigos lo anuncie,

para que, sin espera,
en todo lugar, se levante
del reino del cielo.
Ya nadie tendrá que lamentarse
cuando alguien cierre los ojos:
pues, tarde o temprano,
con el reencuentro asegurado
Este dolor se ve mitigado.
Él está vivo y a nuestro lado permanece,
aunque todo nos abandone:
Así será para nosotros el alba de este
día, una fiesta que renueva el mundo.

NOVALIS, *Cánticos espirituales*, IX

El camino del amor

¡Siempre sienta bien leer y meditar las bienaventuranzas! Jesús las proclamó en su primera gran predicación, a orillas del lago de Galilea. Había una gran multitud y Él, para que lo oyeran sus discípulos, subió a un monte; de ahí que esa predicación se llame *sermón de la montaña*. En la Biblia, el monte es percibido como el lugar donde Dios se revela, y Jesús predicando desde lo alto del monte se presenta como maestro divino, como el nuevo Moisés. Y ¿qué enseña? Jesús enseña el camino de la vida, el camino que Él mismo recorre, es más, que Él mismo es, y lo propone como camino para la verdadera felicidad. Jesús encarnó las bienaventuranzas a lo largo de toda su vida, desde su nacimiento en la gruta de Belén hasta su muerte en la cruz y la resurrección. Todas las promesas del reino de Dios se han cumplido en Él.

Al proclamar las bienaventuranzas, Jesús nos invita a seguirlo, a recorrer con Él el camino del amor, el único que conduce a la vida eterna. No es un camino fácil, pero el Señor nos asegura su gracia y nunca nos deja solos. Pobreza, aflicciones, humillaciones, lucha por la justicia, fatigas de la conversión cotidiana, tormentos para vivir la llamada a la santidad, persecuciones y otros muchos desafíos acucian nuestras vidas. Pero si abrimos la puerta a Jesús, si lo dejamos entrar en nuestra historia, si compartimos con Él las penas y las alegrías, experimentaremos una paz y una felicidad que solo Dios, amor infinito, puede darnos.

La respuesta de Dios a nuestro deseo de felicidad

Las bienaventuranzas son el camino que Dios indica como respuesta al deseo de felicidad ínsito en el hombre y perfeccionan los mandamientos de la Antigua Alianza. Solemos aprender los diez mandamientos, pero no las bienaventuranzas. Vamos a recordarlas y a grabarlas en nuestro corazón:

Bienaventurados los pobres en el espíritu, porque de ellos es el reino de los cielos.

Bienaventurados los que lloran, porque ellos serán consolados.

Bienaventurados los mansos, porque ellos heredarán la tierra.

Bienaventurados los que tienen hambre y sed de justicia, porque ellos quedarán saciados.

Bienaventurados los misericordiosos, porque ellos alcanzarán misericordia.

Bienaventurados los limpios de corazón, porque ellos verán a Dios.

Bienaventurados los que trabajan por la paz, porque serán ellos llamados hijos de Dios.

Bienaventurados los perseguidos por la justicia, porque de ellos es el reino de los cielos.

Bienaventurados vosotros cuando os insulten y os persigan y os calumnien de cualquier modo por mi causa.

Alegraos y regocijaos, porque vuestra recompensa será grande en el cielo.

Estas palabras contienen la novedad que nos trae Cristo, y toda la novedad de Cristo está contenida en estas palabras. En efecto, las bienaventuranzas son el retrato de Jesús, su estilo de vida; y son el camino de la verdadera felicidad, que nosotros también podemos recorrer con la gracia que nos da Jesús.

Bienaventurado significa feliz

¿Qué significa *bienaventurados* (en griego *makarioi*)? Bienaventurados significa felices. Decidme: ¿aspiráis realmente a la felicidad? En una época en que se nos ofrecen un sinfín de felicidades aparentes, se corre el peligro de acabar contentándose con poco, de concebir la vida *con sordina*. ¡Aspirad, en cambio, a cosas grandes! ¡Abrid vuestros corazones!

Una novedad revolucionaria

Las bienaventuranzas de Jesús son portadoras de una novedad revolucionaria, de un modelo de felicidad opuesto al que habitualmente nos proponen los medios de comunicación, la opinión dominante. Para la mentalidad mundana, es un escándalo que Dios viniera al mundo para ser uno de nosotros, ¡que haya muerto en una cruz! En el orden de ideas de este mundo, los que Jesús proclama bienaventurados son considerados *perdedores*, débiles. Se exalta, en cambio, el éxito a toda costa, el bienestar, la arrogancia del poder, la afirmación de uno mismo en perjuicio de los demás.

Jesús nos pide que respondamos a su propuesta de vida, que decidamos cuál es el camino que queremos recorrer para llegar a la verdadera alegría. Se trata de un gran desafío de fe. Jesús no tuvo miedo de preguntar a sus discípulos si querían seguirle de verdad o si preferían marcharse (cfr. Juan 6, 67). Y Simón, llamado Pedro, tuvo el valor de responder: «Señor, ¿a quién vamos a acudir? Tú tienes palabras de vida eterna» (Juan 6, 68). Si sabéis decir sí a Jesús, vuestra joven vida se llenará de significado y será fecunda.

Permitamos que la paradoja de las bienaventuranzas nos desquicie por dentro

Dos cosas dice Jesús de los suyos: que son bienaventurados y que son pobres; es más, que son bienaventurados porque son pobres. ¿En qué sentido? En el sentido de que el discípulo de

Jesús no encuentra la alegría en el dinero, en el poder o en otros bienes materiales, sino en los dones que recibe cada día de Dios: la vida, la creación, los hermanos y las hermanas, etc. Son dones de la vida. Los bienes que posee los comparte con gusto, porque vive en la lógica de Dios. Y ¿cuál es la lógica de Dios? La gratuidad. El discípulo ha aprendido a vivir en la gratuidad. Esta pobreza es también una actitud respecto al sentido de la vida, porque el discípulo de Jesús no cree poseerlo, que ya lo sabe todo, sino que debe aprender cada día. Y esta es una pobreza: el ser consciente de que debe aprender cada día. El discípulo de Jesús es, gracias a esta actitud, una persona humilde y abierta, sin prejuicios ni rigidez.

En otras palabras, el discípulo de Jesús, acepta la paradoja de las bienaventuranzas que afirman que es dichoso, es decir, feliz, quien es pobre, quien carece de tantas cosas y lo reconoce. Humanamente somos proclives a pensar de manera diferente: feliz es el rico, el que posee muchos bienes, obtiene reconocimientos, es envidiado por muchos, tiene certezas. Pero este es un pensamiento mundano, ¡no el que inspira las bienaventuranzas! Jesús, por el contrario, declara que el éxito mundano es un fracaso, ya que se basa en un egoísmo vanidoso que cuando se deshincha deja un vacío en el corazón. Ante la paradoja de las bienaventuranzas, el discípulo acepta el aprieto, consciente de que no es Dios el que debe abrazar nuestro punto de vista, sino nosotros el suyo.

Es un proceso que requiere un camino, a veces arduo, pero siempre acompañado por la alegría. Porque el discípulo de Jesús es alegre, goza de la alegría que Él le inspira. No olvidemos que la primera palabra que Jesús dice es *bienaventurados*;

de ahí el nombre bienaventuranzas. Esto es sinónimo de ser discípulos de Jesús. El Señor, al liberarnos de la esclavitud del egocentrismo, desquicia nuestras puertas, suaviza nuestra dureza y nos abre la verdadera felicidad, que a menudo se encuentra donde no lo imaginamos. Es Él quien guía nuestra vida, no nosotros con nuestras ideas preconcebidas y nuestras pretensiones. Por último, discípulo es aquel que se deja guiar por Jesús, que le abre su corazón, lo escucha y sigue su camino.

Entonces podemos preguntarnos —yo, cada uno de nosotros— ¿tengo la disponibilidad del discípulo o me comporto con la intolerancia de quien se siente satisfecho, saciado, completo? ¿Permito que la paradoja de las bienaventuranzas desquicie mis puertas o me encastillo en mis ideas? Y también, con la lógica de las bienaventuranzas, más allá de las penurias y dificultades, ¿siento la alegría de seguir a Jesús? Este es el rasgo más destacado del discípulo: la alegría del corazón. No lo olvidemos: la alegría del corazón. Esta es la piedra de toque para saber si una persona es un discípulo: ¿tiene alegría en su corazón? ¿Yo tengo alegría en mi corazón?

[El tirano Nicolás asedia una ciudad. Fray Junípero, un compañero de Francisco de Asís, llega al lugar y lo toman por un sicario; lo condenan a muerte y la soldadesca le da una paliza. Un cura se abre paso y se inclina sobre él].

CURA: Dejadnos solos… Hijo mío, estoy aquí para ofrecerte el consuelo de nuestra religión… En el nombre del Padre, del Hijo y del Espíritu Santo. Dime: ¿quién eres?

FRAY JUNÍPERO: Un pecador.

CURA: Y ¿qué pecados has de confesar?

FRAY JUNÍPERO: Muchos, muchos.

CURA: ¿De dónde vienes?

FRAY JUNÍPERO: De Asís.

CURA: ¿Cómo te llamas?

FRAY JUNÍPERO: Me llamo Junípero, ¿por qué?

CURA: ¿Eres acaso el Junípero compañero de un tal Francisco que es más bueno que el pan?

FRAY JUNÍPERO: Es apacible como un cordero…

CURA [dirigiéndose a la multitud]: Escuchadme, ¡en nombre de Dios! ¡Conozco a este hombre! ¡Es amigo de todo el mundo! ¡Voy a contárselo inmediatamente a Nicolás!

[El cura corre a hablar con el tirano Nicolás].

CURA: ¡Ay, señor! ¡Ay, Nicolás! ¡Se está cometiendo un grave error! ¡Van a matar a un inocente!

NICOLÁS: Pero ¿qué dices? ¿Qué quieres? ¿A qué inocente te refieres?

CURA: ¡Al hombre que acabáis de condenar!

NICOLÁS: ¡Ese gusano quería matarme!

CURA: No, no, lo conozco. Es discípulo de un pobre hombre amigo de la Iglesia, de un tal Francisco, hijo de un rico… Se lo ha regalado todo a los pobres y vive en el bosque con un grupo de compañeros, ¡libre como un pajarillo! Muchos lo siguen porque afirma que también ama a los humildes.

[Los esbirros de Nicolás arrastran a fray Junípero ante el tirano].

NICOLÁS: Dime, ¿quién eres tú?

FRAY JUNÍPERO: Yo… soy un grandísimo pecador.

NICOLÁS: ¿Es cierto que quieres traicionarnos y entregarnos a los de Viterbo?

FRAY JUNÍPERO: Yo soy un gran traidor, indigno de todo bien.

NICOLÁS: Pero tú ¿querías matarme a mí, Nicolás, e incendiar el campo?

FRAY JUNÍPERO: Yo… pero yo… soy un grandísimo pecador… si Dios no me protegiera haría cosas peores…

CURA: Si así es Junípero, ¿cómo será Francisco? ¿Ves cuánta verdad hay en sus palabras? Ante Dios siempre somos más culpables de cuanto los hombres puedan acusarnos: primero, porque nunca le damos el suficiente reconocimiento, y segundo porque poco o nada amamos a nuestros semejantes y más viles y culpables seríamos si Dios no nos asistiera…

[Fray Junípero es conducido a la tienda de Nicolás. El tirano, exasperado, lo agarra y lo empuja al suelo. Fray Junípero se levanta y le sonríe con docilidad. Nicolás, cada vez más desalentado, lo sacude y lo amenaza, pero fray Junípero no deja de sonreír en silencio. Finalmente Nicolás sale de la tienda y reúne a sus soldados].

NICOLÁS: ¡Levantad el asedio! ¡Levantad el asedio!

ROBERTO ROSSELLINI, *Francisco, juglar de Dios*, 1950

Una molestia para el mundo

La pobreza de espíritu, el llanto, la mansedumbre, la sed de santidad, la misericordia, la purificación del corazón y las obras de paz pueden conducir a la persecución a causa de Cristo, pero se trata de una persecución que se revela motivo de alegría y de grandes recompensas en el cielo. El sendero de las bienaventuranzas es un camino pascual que conduce de una vida según el mundo a una vida según Dios, de una existencia guiada por la carne —es decir, por el egoísmo— a una guiada por el Espíritu.

El mundo, con sus ídolos, sus acuerdos y sus prioridades no puede aprobar esta clase de existencia. Las *estructuras de pecado*, a menudo producidas por la mentalidad humana, tan ajenas al Espíritu de verdad que el mundo no puede recibir, rechazan la pobreza, la mansedumbre y la pureza, y consideran la vida según el Evangelio un error y una molestia, algo que hay que marginar. Esto es lo que el mundo piensa: «Estos son unos idealistas o unos fanáticos...». Así es como piensan.

Si el mundo vive en función del dinero, cualquiera que demuestre que la vida puede realizarse mediante el don y la renuncia se convierte en una molestia para el sistema de la codicia. Esta palabra *molestia* es la clave, porque el testimonio cristiano de por sí, que tanto bien hace a muchas personas que lo siguen, molesta a los que tienen una mentalidad mundana. Lo viven como un reproche. Cuando aparece la santidad y aflora la vida de los hijos de Dios, en esa belleza hay algo incómodo que los empuja a adoptar una postura: o dejarse cuestionar y abrirse a la bondad, o rechazar esa luz y endurecer el corazón.

Mansos y de corazón humilde

«Bienaventurados los mansos, porque ellos heredarán la tierra» (Mateo 5, 4). Hermanos y hermanas, ¡la mansedumbre!

La mansedumbre es característica de Jesús, que dice de sí mismo: «Aprended de mí que soy manso y humilde de corazón» (Mateo 11, 29). Mansos son los que tienen dominio de sí, los que hacen hueco a los demás, los escuchan y respetan su manera de vivir, sus necesidades y sus demandas. No pretenden someterlos ni menospreciarlos, no quieren sobresalir y dominarlo todo ni imponer sus ideas e intereses en detrimento de los demás. Estas personas, que la mentalidad mundana no aprecia, son muy valiosas a los ojos de Dios, que les da en herencia la tierra prometida, es decir, la vida eterna. Esta es otra bienaventuranza que empieza en la tierra y se cumplirá en el cielo, en Cristo.

En esta época de agresividad, tanto en el mundo como en nuestras vidas, en la que lo primero que sale de nosotros es la agresión y la defensa, necesitamos la mansedumbre para avanzar en el camino de la santidad. Escuchar, respetar, no agredir: eso es la mansedumbre.

Felices los pobres

«Bienaventurados los pobres en el espíritu, porque de ellos es el reino de los cielos» (Mateo 5, 3). Podemos preguntarnos: ¿cómo puede ser feliz una persona pobre de corazón, cuyo único tesoro es el reino de los cielos? Por esa misma razón: al tener el corazón despojado y libre de las cosas del mundo, es una persona *grata* en el reino de los cielos.

La lógica del amor

Jesús declara *bienaventurados* a los pobres, a los hambrientos, a los afligidos, a los perseguidos, y *reprende* a los ricos, satisfechos y prósperos, admirados por todos. La razón de esta paradójica radica en el hecho de que Dios está próximo a los que sufren e interviene para liberarlos de su esclavitud; Jesús lo ve, ve la dicha más allá de la realidad negativa. Del mismo modo, el ¡ay de vosotros!, dirigido a quienes en la actualidad viven a lo grande, sirve para *despertarlos* del peligroso engaño del egoísmo y abrirlos a la lógica del amor.

Un corazón compasivo

«Bienaventurados los misericordiosos, porque ellos alcanzarán misericordia» (Mateo 5, 7). Bienaventurados los que saben perdonar, los que tienen un corazón compasivo, los que saben dar lo mejor de sí a los demás, lo mejor, no lo que les sobra. ¡Lo mejor!

Felices los que saben perdonar

Felices los que saben perdonar, que tienen misericordia por los demás y que no juzgan todo ni a todos, sino que buscan ponerse en el lugar del prójimo. El perdón es algo que todos necesitamos, sin excluir a nadie. Por eso al empezar la misa nos reconocemos como lo que somos, es decir, pecadores. No es una frase hecha ni una formalidad, es un acto de reconocimiento de la verdad. «Señor, aquí estoy, ten piedad de mí». Y si sabemos dar a los demás el perdón que pedimos para nosotros, somos bienaventurados. Como decimos en el padrenuestro: «Perdona nuestras ofensas, como también nosotros perdonamos a los que nos ofenden».

Altísimo, omnipotente, buen Señor, tuyas son las alabanzas, la gloria y el honor y toda bendición.

A ti solo, Altísimo, corresponden y ningún hombre es digno de hacer de ti mención.

Loado seas, mi Señor, con todas tus criaturas, especialmente el señor hermano Sol, el cual es día y por el cual nos alumbras.

Y él es bello y radiante con gran esplendor: de ti, Altísimo, lleva significación.

Loado seas, mi Señor, por la hermana luna y las estrellas: en el cielo las has formado luminosas, preciosas y bellas.

Loado seas, mi Señor, por el hermano viento, y por el aire, y el nublado, y el sereno, y todo tiempo, por el cual a tus criaturas das sustento.

Loado seas, mi Señor, por la hermana agua, la cual es muy útil, y humilde, y preciosa, y casta.

Loado seas, mi Señor, por el hermano fuego, por el cual alumbras la noche: y él es bello, y alegre, y robusto, y fuerte.

Loado seas, mi Señor, por nuestra hermana la madre tierra, la cual nos sustenta y gobierna y produce diversos frutos con coloridas flores y hierbas.

Loado seas, mi Señor, por aquellos que perdonan por tu amor y soportan enfermedad y tribulación.

Bienaventurados aquellos que las sufren en paz, pues por ti, Altísimo, coronados serán.

Loado seas, mi Señor, por nuestra hermana la muerte corporal, de la cual ningún hombre viviente puede escapar.

¡Ay de aquellos que mueran en pecado mortal!

Bienaventurados aquellos a quienes encontrará en tu santísima voluntad, pues la muerte segunda no les hará mal.

Load y bendecid a mi Señor y dadle gracias y servidle con gran humildad.

SAN FRANCISCO DE ASÍS, *Cántico de las criaturas*

Nacimos para no morir nunca más

No se trata de hacer cosas extraordinarias, sino de recorrer todos los días este camino que nos conduce al cielo, a la familia, a casa. Hoy, pues, vislumbramos nuestro futuro y celebramos aquello para lo que nacimos: para no morir nunca más, ¡nacimos para gozar de la felicidad de Dios! El Señor nos anima y a quienquiera que tome el camino de las bienaventuranzas dice: «Alegraos y regocijaos, porque vuestra recompensa será grande en los cielos» (Mateo 5, 12).

VII

La felicidad es amor concreto

El amor de Dios que nos abraza

La palabra *misericordia* está compuesta por dos palabras: miseria y corazón. El corazón indica la capacidad de amar; la misericordia es el amor que abraza la miseria de la persona. Es un amor que *siente* nuestra escasez como si fuera propia, para liberarnos de ella. «En esto está el amor: no somos nosotros que amamos a Dios, sino que es Él quien nos ha amado primero y ha mandado a su Hijo como víctima de expiación por nuestros pecados» (1 Juan 4, 9-10). «El Verbo se hizo carne», Dios quiso compartir todas nuestras fragilidades, experimentar nuestra condición humana, a tal punto que cargó con todo el dolor de la existencia humana en la cruz; así de profunda es su compasión y misericordia: humillarse para convertirse en compañía y servicio a la humanidad herida. Ningún pecado puede borrar su cercanía misericordiosa, ni impedirle que realice su gracia de conversión, con tal de que la invoquemos. Más aún, el mismo pecado hace resplandecer con mayor fuerza el amor de Dios Padre, quien, para rescatar al esclavo, ha sacrificado a su Hijo.

Todos somos deudores

Todos somos deudores. Todos. Con Dios, que es tan generoso, y con nuestros hermanos. Cada uno de nosotros sabe que no es el padre o la madre que debería ser, el esposo o la esposa que debería ser, el hermano o la hermana que debería ser. Todos tenemos carencias en la vida. Y necesitamos misericordia. Sabemos que también hemos obrado mal, que al bien que deberíamos haber hecho siempre le falta algo.

Pero ¡precisamente esta pobreza nuestra se convierte en la fuerza para perdonar! Somos deudores, y si se nos mide con la misma medida que medimos a los demás (cfr. Lucas 6, 38), nos conviene ensanchar la medida y perdonar las ofensas, perdonar. Debemos recordar que necesitamos perdonar, que necesitamos el perdón y la paciencia. Este es el secreto de la misericordia: perdonando se es perdonado. Por eso Dios se adelanta y nos perdona primero (cfr. Romanos 5, 8). Al recibir su perdón, somos capaces a nuestra vez de perdonar. De este modo nuestra miseria y nuestra falta de justicia se convierten en oportunidades para abrirnos al reino de los cielos, a una medida más grande, la medida de Dios, que es misericordia.

Francis nunca olvidaría al viejo y entrañable sacerdote de mirada benévola y rostro arrugado con la sotana desteñida y ajada, casi convertida en un harapo; tenía madera de santo. En los escasos momentos en que no predicaba, se le podía ver de rodillas en la capilla, tanto de día como bien entrada la tarde. Una vez, volviendo de un paseo a la orilla del lago en la que para él era una insomne noche de luna, Francis lo vio a medianoche; había entrado a rezar antes de acostarse y el viejo estaba allí, de rodillas, con los ojos cerrados, el crucifijo entre las manos, las lágrimas resbalándole por las mejillas.

[...]

Aquel episodio lo impresionó profundamente. Ya en su habitación, descolgó el crucifijo de la pared y lo tuvo en las manos mientras permanecía arrodillado sobre el suelo de madera: en realidad no rezaba, pero su intención tendía a una apasionada penitencia, como si fuera presa de un interminable acto de contrición. Ay, san Agustín, invocaba su corazón, ayúdame tú porque he llegado tarde a la belleza antigua y eterna que es la verdad. Ayúdame, Señor, porque tarde he llegado a amarte...

ETHEL MANNIN, *Tarde he llegado a amarte*

El único camino para derrotar al mal

Me encuentro con tantos jóvenes que me cuentan que están cansados de este mundo tan dividido, en el que seguidores de ideas diferentes no cesan de enfrentarse, de las guerras, de quien usa la religión como justificación para la violencia. Debemos suplicar al Señor que nos dé la gracia de ser misericordiosos con quienes nos hacen daño, como Jesús, que en la cruz rezaba por aquellos que le habían crucificado: «Padre, perdónalos, porque no saben lo que hacen» (Lucas 23, 34). El único camino para derrotar al mal es la misericordia. La justicia es necesaria, por supuesto, pero por sí sola no es suficiente. Justicia y misericordia tienen que caminar juntas.

La reciprocidad del perdón

La quinta bienaventuranza dice: «Bienaventurados los misericordiosos, porque ellos alcanzarán misericordia» (Mateo 5, 7). En esta bienaventuranza hay una particularidad: es la única en la que coinciden la causa y el fruto de la felicidad, la misericordia. Los que aplican la misericordia encontrarán misericordia.

El tema de la reciprocidad del perdón no solo está presente en esta bienaventuranza, sino que es recurrente en el Evangelio. ¿Cómo no iba a serlo? ¡La misericordia es el corazón mismo de Dios! Jesús dice: «No juzguéis y no seréis juzgados; no condenéis y no seréis condenados; perdonad y seréis perdonados» (Lucas 6, 37). Siempre la misma reciprocidad.

En el Padrenuestro rezamos: «Perdona nuestras ofensas, como también nosotros perdonamos a los que nos ofenden» (Mateo 6, 12); y esta demanda es la única que se recoge al final: «Porque si perdonáis las ofensas de los demás, vuestro Padre que está en los cielos también os perdonará a vosotros; pero si no perdonáis a los demás, tampoco vuestro Padre os perdonará vuestras ofensas» (Mateo 6, 14-15).

Hay dos cosas que son inseparables: el perdón que se da y el perdón que se recibe. Pero para muchas personas es difícil, no logran perdonar. A menudo el mal recibido es tan grande que perdonar se nos antoja como escalar una montaña muy alta: un esfuerzo enorme; y uno piensa: no se puede, no puedo.

La reciprocidad de la misericordia significa que necesitamos invertir la perspectiva. Solos no podemos conseguirlo, necesitamos la gracia de Dios y debemos pedírsela. De hecho, si la quinta bienaventuranza promete que se encontrará la misericordia y en el padrenuestro pedimos el perdón de las ofensas, ¡significa que somos esencialmente deudores y necesitamos encontrar misericordia!

¿Qué significa ser misericordioso?

A mí siempre me gusta asociar las bienaventuranzas con el capítulo 25 de Mateo, cuando Jesús nos presenta las obras de misericordia y dice que por ellas seremos juzgados. Por eso os invito a recordar las obras de misericordia corporales: dar de comer al hambriento, dar de beber al sediento, vestir al desnudo, acoger al forastero, visitar a los enfermos, visitar a los presos y enterrar a los muertos. Y no olvidemos las obras de misericordia espirituales: dar buen consejo al que lo necesita, enseñar al que no sabe, corregir al que se equivoca, consolar al triste, perdonar las ofensas, soportar con paciencia los defectos del prójimo y rezar a Dios por los vivos y los difuntos. Como podéis apreciar, la misericordia no es *buenismo* ni mero sentimentalismo, sino la demostración de que somos auténticos discípulos de Jesús, nuestra credibilidad como cristianos en el mundo actual.

Necesitamos el perdón como el aire que respiramos

¿De dónde nace nuestra misericordia? Jesús nos dijo: «Sed misericordiosos, como vuestro Padre es misericordioso» (Lucas 6, 36). Cuanto más se acepta el amor del Padre, más se ama. La misericordia no es una dimensión más, sino el perno de la vida cristiana: no hay cristianismo sin misericordia. Si nuestro cristianismo no nos conduce a la misericordia, es que nos hemos equivocado de camino, pues la misericordia es la única meta verdadera de todo camino espiritual. Es uno de los frutos más hermosos de la caridad.

La misericordia de Dios es nuestra liberación y nuestra felicidad. Vivimos de misericordia y no podemos permitirnos estar sin ella: es como el aire que respiramos. Somos demasiado pobres para poner condiciones, necesitamos perdonar porque necesitamos ser perdonados.

Un amor concreto

La misericordia de Dios es muy concreta y todos estamos llamados a vivirla en primera persona. Un día, tenía diecisiete años, decidí pasar por la iglesia antes de salir con los amigos. Allí me encontré con un sacerdote que me inspiró una confianza especial y sentí el deseo de abrir mi corazón en la confesión. ¡Aquel encuentro me cambió la vida! Descubrí que cuando abrimos el corazón con humildad y transparencia podemos contemplar de manera muy tangible la misericordia de Dios.

Tuve la certeza de que Dios ya me estaba esperando en la persona de aquel sacerdote antes de que yo diera el primer paso y me dirigiera a la iglesia. Nosotros lo buscamos, pero es Él quien siempre se nos adelanta, nos busca desde siempre y es el primero en encontrarnos. Quizá alguno de vosotros tenga un peso en su corazón y piense: «He hecho esto, he hecho esto otro...». ¡No temáis! ¡Él os espera! Él es el Padre: ¡siempre nos espera! ¡Qué bonito es encontrar en el sacramento de la reconciliación el abrazo misericordioso del Padre, descubrir el confesionario como lugar de la misericordia, dejarse encontrar por este amor misericordioso del Señor que siempre nos perdona!

El amor de Dios es visceral

La misericordia de Dios no es una idea abstracta, sino una realidad concreta con la cual Él nos revela su amor, que es como el de un padre o una madre que se conmueven en lo más profundo de sus entrañas por su hijo. Nunca mejor dicho, se trata de un amor *visceral* que nace de dentro como un sentimiento profundo, natural, hecho de ternura y compasión, de indulgencia y perdón.

Todos somos hijos pródigos

En el capítulo 15 del Evangelio de Lucas podemos encontrar las tres parábolas de la misericordia: la de la oveja perdida, la de la moneda perdida y la que conocemos como la parábola del hijo pródigo. De estas tres parábolas, impacta la alegría de Dios, la alegría que Él siente cuando encuentra a un pecador y lo perdona. Sí, ¡la alegría de Dios es perdonar! He aquí el resumen de todo el Evangelio. Cada uno de nosotros es esa oveja perdida, esa moneda perdida; cada uno de nosotros es ese hijo que ha desperdiciado su libertad persiguiendo falsos ídolos, espejismos de felicidad, y lo ha perdido todo. Pero Dios no nos olvida, el Padre no nos abandona nunca. Es un padre paciente, ¡nos espera siempre! Respeta nuestra libertad, pero permanece siempre fiel. Y cuando volvemos a Él, nos acoge como a hijos, en su casa, porque nunca, ni siquiera por un momento, deja de esperarnos con amor. Y su corazón se regocija por cada hijo que regresa. Se regocija porque está alegre. Dios se alegra cuando el pecador regresa y le pide perdón.

La misericordia tiene el rostro joven

El rostro de la misericordia es joven. Porque un corazón misericordioso tiene valor para abandonar las comodidades, ir al encuentro de los demás, abrazar a todo el mundo, ser un refugio para quien nunca ha tenido una casa o la ha perdido, crear un ambiente familiar para quien se ha visto obligado a emigrar. Un corazón misericordioso es capaz de ternura y compasión, sabe compartir el pan con los hambrientos, se abre al prófugo y al emigrante. Decir misericordia es decir oportunidad, es decir mañana, es decir compromiso, confianza, apertura, hospitalidad, compasión; es decir sueños. Y cuando un corazón está abierto y es capaz de soñar, hay espacio para la misericordia, hay espacio para acariciar a los que sufren, hay espacio para ponerse del lado de los que no tienen paz en el corazón y les falta lo necesario para vivir, o les falta lo mejor: la fe. ¡Misericordia!

Acordémonos de nuestros pecados, no de nuestros éxitos

Con nuestros pecados, nuestros límites, nuestras miserias, con nuestras múltiples caídas, Jesucristo nos vio, se acercó, nos tendió mano y nos ofreció su misericordia. ¿A quién? A mí, a ti, a todos. Cada uno de nosotros guarda en la memoria las veces que el Señor lo vio, lo miró, se acercó y le ofreció su misericordia. Todas las veces que el Señor confió de nuevo en él, volvió a apostar por él (cfr. Ezequiel 16).

Qué bien nos hace volver sobre esta verdad, recordar que a lo largo de nuestra vida el Señor se acercó a nosotros y nos ofreció su misericordia, concentrarnos en nuestros pecados y no en nuestros supuestos aciertos, cultivar una conciencia humilde y no culposa de nuestra historia de distancias —la nuestra, no la ajena, no la de quienes están a nuestro lado, y menos aún la de nuestro pueblo— y volver a maravillarnos con la misericordia de Dios. Esa es palabra verdadera, doctrina indiscutible, no palabrería.

> Solo que yo le tenga,
> solo que sea mío,
> solo que el corazón, hasta la tumba,

ya nunca, nunca de Él caiga en olvido;
nada se ya de pena, nada siento,
sino un férvido amor, gozo infinito.
[...]
Solo que yo le tenga
me dormiré tranquilo,
eternamente, un dulce refrigerio
encontraré en el caudaloso río,
que de su pecho fluye y todo inunda,
cubre y penetra entre sus blandos giros.
[...]

NOVALIS, *Cánticos espirituales*, V

El amor no es una palabra abstracta

En las Sagradas Escrituras, misericordia es la palabra clave para indicar cómo Dios actúa con nosotros. Él no se limita a afirmar su amor, sino que lo hace visible y tangible. Por otra parte, el amor nunca podrá ser una palabra abstracta. Por su naturaleza misma es vida concreta: intenciones, actitudes, comportamientos que se realizan en la vida cotidiana. La misericordia de Dios es su responsabilidad hacia nosotros. Él se siente responsable, es decir, desea nuestro bien y quiere vernos rebosantes de alegría y serenos. En la misma onda se debe orientar el amor misericordioso de los cristianos. Como ama el Padre, así aman los hijos. Como es misericordioso Él, así estamos llamados a ser misericordiosos los unos con los otros.

La caridad es un don

La caridad es un don que da sentido a nuestra vida y gracias a ella consideramos a quien se ve privado de lo necesario un miembro de nuestra familia, un amigo, un hermano. Si se comparte con amor lo poco que se tiene, ese poco no se acaba nunca, se transforma en una reserva de vida y de felicidad. Así sucedió con la harina y el aceite de la viuda de Sarepta, que ofreció pan al profeta Elías (cf. 1 Reyes 17, 7-16); y con los panes que Jesús bendijo, partió y dio a los discípulos para que los distribuyeran entre la multitud (cfr. Marcos 6, 30-44). Así sucede con nuestra limosna, ya sea grande o pequeña, si la damos con gozo y humildad.

Vivir la caridad

Solo Dios perdona los pecados, pero pide que también nosotros estemos dispuestos a perdonar a los demás del mismo modo que Él perdona nuestras ofensas: «Perdona nuestras ofensas, como también nosotros perdonamos a los que nos ofenden» (Mateo 6, 12). ¡Qué triste cuando nos encerramos en nosotros mismos y somos incapaces de perdonar! Triunfan el rencor, la rabia y la venganza que hacen la vida infeliz y se desperdicia el alegre compromiso con la misericordia.

No se ha dicho la última palabra

Lejos de ser una idea, un deseo, una teoría —e incluso una ideología—, la misericordia es una forma concreta de *tocar* la fragilidad, de vincularnos a los demás, de acercarnos entre nosotros. Es una manera concreta de ponerse en el lugar de los demás cuando pasan por una mala época. Es una acción que nos empuja a dar lo mejor de nosotros mismos para que los demás sientan que en su vida todavía no se ha dicho la última palabra. Es una acción que nos impulsa a tratar a los demás de manera que quien se sintió aplastado por el peso de sus pecados experimente el alivio de una nueva oportunidad. Lejos de ser una frase bonita, es la acción concreta con la que Dios quiere relacionarse con sus hijos.

No temas mal alguno

Cada uno de nosotros tiene un pasado y un bagaje de pecados. Y si no los recuerda, basta con que reflexione un poco y los encontrará. Da gracias a Dios por encontrarlos, porque si no los encuentras eres un corrupto. Todos tenemos nuestros pecados. Dirijamos la mirada al Señor que hace justicia pero es tan misericordioso. No nos avergoncemos de estar en la Iglesia, no nos avergoncemos de ser pecadores. La Iglesia es la madre de todos. Demos gracias a Dios por no ser corruptos, por ser pecadores. Y cada uno de nosotros, viendo cómo actúa Jesús en estos casos, confíe en la misericordia de Dios. Y rece, confiando en la misericordia de Dios, rece para ser perdonado.

«Porque Dios me guía por cañadas seguras haciendo honor a su nombre. Aunque pase por un valle tenebroso, el valle del pecado, ningún mal he de temer, pues tú vienes conmigo, tu vara y tu cayado me sosiegan» (cfr. Salmos 23, 4).

Sentir la vida de los demás

«Bienaventurados los que lloran, porque ellos serán consolados» (Mateo 5, 5). Pero ¿cómo pueden ser felices los que lloran? Quien nunca ha experimentado la tristeza, la angustia y el dolor no conocerá jamás la fuerza de la consolación. En cambio, pueden ser felices todos aquellos que tienen la capacidad de conmoverse, la capacidad de sentir en el corazón el dolor que hay en sus vidas y en la de los demás. ¡Ellos serán felices! Porque la tierna mano de Dios Padre los consolará y los acariciará.

El camino que va del corazón a las manos

Comprender y aceptar lo que Dios hace por nosotros —un Dios que no piensa, ama ni actúa impulsado por el miedo, sino por la confianza que nos tiene y que espera que nos transforme— debe ser nuestra manera de actuar: «Ve tú y actúa de la misma manera» (Lucas 10, 39). Nuestra manera de actuar nunca será, entonces, una acción que se funda en el miedo, sino en la esperanza que Él deposita en nuestra transformación.

Lo único que consigue una acción basada en el miedo es separar, dividir, pretender distinguir con precisión quirúrgica un lado del otro, construir falsas seguridades y, de consecuencia, construir recintos. Una acción basada en la esperanza de transformación, en la conversión, impulsa, estimula, apunta al mañana, genera espacios de oportunidad. Una acción basada en el miedo es una acción que pone el acento en la culpa, en el castigo, en el *te equivocaste*. Una acción basada en la esperanza de transformación pone el acento en la confianza, en el aprender, en levantarse; en tratar siempre de crear nuevas oportunidades. ¿Cuántas veces? Setenta veces siete. Por eso la actitud misericordiosa despierta siempre la creatividad, pone el acento en el rostro de la persona, en su vida, en su historia, en su cotidianidad. No se casa con un modelo o con una receta, sino que posee la sana libertad de espíritu que permite buscar lo mejor para el otro de una manera comprensible para él. Esto pone en marcha nuestras capacidades, nuestro ingenio, hace que salgamos de nuestro recinto. La acción basada en la esperanza de transformación es una inteligencia inquieta que hace palpitar el corazón y le pone urgencia a nuestras manos. Pálpito en el corazón y urgencia en nuestras manos. El camino que va del corazón a las manos.

Un ejercicio de misericordia

Si vivimos según la ley del Talión, nunca saldremos de la espiral del mal. El maligno es astuto y hace que creamos que con nuestra justicia humana podemos salvarnos y salvar el mundo. En realidad, ¡solo la justicia de Dios puede salvarnos! Y la justicia de Dios se ha revelado en la cruz: la cruz es el juicio de Dios sobre todos nosotros y sobre este mundo. Pero ¿cómo nos juzga Dios? ¡Dando la vida por nosotros!

He aquí el acto supremo de justicia que vence de una vez por todas al príncipe de este mundo; y este acto supremo de justicia también es precisamente el acto supremo de misericordia. Jesús nos llama a todos a seguir este camino: «Sed misericordiosos como vuestro Padre es misericordioso» (Lucas 6, 36). Ahora voy a pediros algo: pensad en alguien con quien no hacéis buenas migas, con quien estáis enfadados, a quien no apreciáis. Pensad en esa persona y, en silencio, oremos por ella. Seamos misericordiosos con ella.

El alzhéimer espiritual

Aprendamos a escandalizarnos cuando el alzhéimer espiritual aparece; cuando nos olvidamos de cómo nos trata el Señor, cuando empezamos a juzgar y a separar a la sociedad. Nos invade una lógica separatista que, sin darnos cuenta, nos lleva a fracturar aún más nuestra realidad social y comunitaria. Fracturamos el presente construyendo *bandos*. Está el bando de los buenos y el de los malos, el de los santos y el de los pecadores. Esta pérdida de memoria hace que poco a poco olvidemos la realidad más rica que tenemos y la doctrina más clara que hay que defender. Aunque seamos pecadores, el Señor nunca ha dejado de tratarnos con misericordia. Pablo nunca dejó de recordar que él estuvo al otro lado, que fue elegido en las últimas, como el fruto de un aborto. La misericordia no es una teoría que se saca a relucir para que aplaudan nuestra condescendencia, sino una historia de pecado que recordar. ¿Cuál? La nuestra, la mía y la tuya. Y un amor que alabar. ¿Cuál? El de Dios, que me trató con misericordia.

La necesidad de consolación

La misericordia también tiene el rostro de la consolación. «Consolad, consolad a mi pueblo» (Isaías 40, 1), son las sentidas palabras que el profeta proclama también hoy, para que llegue una palabra de esperanza a cuantos sufren y padecen. Nunca permitamos que nos roben la esperanza que viene de la fe en el Señor resucitado. Es cierto, a menudo pasamos por duras pruebas, pero la certeza de que el Señor nos ama nunca debe decaer. Su misericordia también se expresa con la cercanía, el afecto y en el apoyo que muchos hermanos y hermanas ofrecen cuando sobreviene el tiempo de la tristeza y la aflicción. Enjugar las lágrimas es una acción concreta que rompe el círculo vicioso de la soledad en el que a menudo se nos relega.

Todos tenemos necesidad de consuelo porque nadie es inmune al sufrimiento, al dolor y a la incomprensión. ¡Cuánto dolor puede causar una palabra rencorosa fruto de la envidia, de los celos y de la rabia! ¡Cuánto sufrimiento provoca la experiencia de la traición, de la violencia y del abandono! ¡Cuánta amargura causa la muerte de los seres queridos! Sin embargo, Dios nunca está lejos cuando se viven estos dramas. Una palabra de ánimo, un abrazo que te hace sentir comprendido, una caricia que hace sentir el amor, una oración que te da fuerza... son expresiones de la cercanía de Dios a través del consuelo ofrecido por los hermanos.

Por consolación [espiritual] se entiende cuando en el alma se produce alguna moción interior, con la cual viene el alma a inflamarse en amor a su Creador y Señor, y, como consecuencia, ninguna cosa creada sobre la faz de la tierra puede amar en sí, sino en el Criador de todas ellas. También es consolación cuando se derraman lágrimas que mueven a amar a su Señor, sea por el dolor de los propios pecados, por la pasión de Cristo nuestro Señor o por otros motivos directamente ordenados a su servicio y alabanza. Por último, llamo consolación a todo aumento de esperanza, fe y caridad y toda alegría interior que llama y atrae a las cosas celestiales y a la salvación del alma, aquietándola y pacificándola en su Criador y Señor.

SAN IGNACIO DE LOYOLA, *Ejercicios espirituales*

La misericordia se aprende

La misericordia se aprende con la experiencia; se aprende al sentir que Dios sigue confiando en nosotros y sigue invitándonos a ser sus misioneros, a que tratemos a nuestros hermanos del mismo modo que Él nos trata, que nos trató. La misericordia se aprende porque el Padre sigue perdonándonos. Los pueblos ya sufren lo suficiente como para que añadamos más aflicción. Aprended a tratar a los demás con misericordia y aprended del maestro a ser personas cercanas, que no sienten temor por los marginados o por quienes se han *manchado* o marcado con el pecado; y aprended a tender la mano al que ha caído sin miedo al qué dirán. Cualquier trato que no sea misericordioso, por justo que parezca, acaba por convertirse en maltrato. El ingenio reside en potenciar los caminos de la esperanza, los que privilegian el trato amable y hacen que brille la misericordia.

El silencio partícipe

A veces también el silencio puede ser de gran ayuda, porque en algunas ocasiones no hay palabras para responder a los interrogantes de quienes sufren. En cualquier caso, la ausencia de palabras puede suplirse con la compasión de quien se muestra presente y cercano, del que ofrece la mano. El silencio no es un acto de rendición, sino una expresión de fuerza y de amor. El silencio también pertenece al lenguaje de la consolación, porque se transforma en una obra concreta de solidaridad y unión con el sufrimiento del hermano.

La ternura del Señor

Proclamemos con júbilo: «¡El Señor es mi Dios y salvador!». «El Señor está cerca», dice el apóstol Pablo (Filipenses 4, 5). Nada hay que temer. Él está cerca. La misericordia más grande radica en su estar entre nosotros, en que gocemos de su presencia y compañía. Camina con nosotros, nos muestra el camino del amor, nos levanta cuando caemos —¡y con cuánta ternura!—, nos sostiene en nuestras tribulaciones, nos acompaña en todas las circunstancias de nuestra existencia; nos abre los ojos para que veamos las miserias propias y ajenas, pero al mismo tiempo nos llena de esperanza. «Y la paz de Dios [...] custodiará sus corazones y sus pensamientos en Cristo Jesús» (v. 7), dice Pablo. Esta es la fuente de nuestra vida pacificada y feliz. Nada ni nadie puede robarnos esta paz y esta alegría, ni siquiera los sufrimientos y las pruebas de la vida. El Señor con su ternura nos abre su corazón, nos abre su amor. Él le tiene alergia a la rigidez. Cultivemos esta experiencia de misericordia, de paz y de esperanza imitándolo. Él nos lo dio todo, se dio él mismo sin esperar nada a cambio. Esta es su misericordia.

Dejar aparte el rencor

Jesús afirma que la misericordia no es solo el obrar del Padre, sino que se convierte en el criterio para saber quiénes son sus verdaderos hijos. En definitiva, estamos llamados a vivir de misericordia porque a nosotros en primer lugar se nos ha tratado con misericordia. El perdón de las ofensas se convierte en la expresión más evidente del amor misericordioso y para nosotros cristianos es un imperativo del que no podemos prescindir. ¡Qué difícil suele ser perdonar! Sin embargo, el perdón es el instrumento que se pone en nuestras frágiles manos para alcanzar la serenidad de corazón. Apartar de nosotros el rencor, la rabia, la violencia y la venganza son condiciones necesarias para vivir felices. Acojamos pues la exhortación del apóstol: «No permitáis que la noche los sorprenda enojados» (Efesios 4, 26). Y sobre todo escuchemos la palabra de Jesús, que pone la misericordia como ideal de vida y como criterio de credibilidad de nuestra fe. «Bienaventurados los misericordiosos, porque ellos alcanzarán misericordia» (Mateo 5, 7).

La inconmensurable alegría del perdón

Nada de cuanto un pecador arrepentido somete a la misericordia de Dios queda sin el abrazo de su perdón. Por este motivo, nadie puede poner condiciones a la misericordia, que será siempre un acto de gratuidad del Padre celestial, un amor incondicionado e inmerecido. No podemos, pues, correr el riesgo de oponernos a la plena libertad del amor con el cual Dios entra en la vida de las personas.

La misericordia es esta acción concreta del amor que perdonando transforma y cambia la vida. Es así como se manifiesta su misterio divino. Dios es misericordioso (cfr. Éxodo 34, 6), su misericordia es eterna (cfr. Salmos 136), de generación en generación abraza a todas y cada una de las personas que se confían a Él y las transforma, donándoles su propia vida.

La misericordia suscita júbilo porque el corazón se abre a la esperanza de una vida nueva. El júbilo que da el perdón es inconmensurable, pero se trasparenta en nosotros cada vez que lo experimentamos. Su origen está en el amor con el que Dios viene a nuestro encuentro, rompiendo el círculo vicioso del egoísmo para convertirnos también a nosotros en instrumentos de misericordia.

La soberbia y el orgullo son un muro

Ser cristianos no hace de nosotros personas sin mancha. Como el publicano Mateo, cada uno de nosotros se encomienda a la gracia del Señor, a pesar de sus pecados. Todos somos pecadores, todos hemos pecado. Eligiendo a Mateo, Jesús muestra a los pecadores que no se fija en su pasado, en su estatus social ni en las conveniencias, sino que le abre un futuro nuevo. Una vez escuché un bonito proverbio: «No hay santo sin pasado ni pecador sin futuro». Esto es lo que hace Jesús. No hay santo sin pasado ni pecador sin futuro. Es suficiente con responder a su invitación con el corazón humilde y sincero. La Iglesia no es una comunidad de personas perfectas, sino de discípulos en camino que siguen al Señor porque se reconocen pecadores y necesitados de su perdón. La vida cristiana es, pues, una escuela de humildad que nos abre a la gracia.

Quien tiene la presunción de creerse *justo*, mejor que los demás, no comprende este comportamiento. Soberbia y orgullo impiden reconocer que se necesita la salvación, es más, impiden ver el rostro misericordioso de Dios y actuar con misericordia. Son un muro que impide la relación con Dios. Sin embargo, la misión de Jesús es precisamente esta: venir en busca de cada uno de nosotros para sanar nuestras heridas e invitarnos a seguirlo con amor.

El primer acto

El amor es el primer acto con el que Dios se da a conocer y viene a nuestro encuentro. Abramos, pues, el corazón a la confianza de ser amados por Dios. Su amor nos precede siempre, nos acompaña y permanece junto a nosotros a pesar de nuestros pecados.

El tiempo de la misericordia

Este es el *tiempo de la misericordia*. Cada día de nuestra vida está marcado por la presencia de Dios, que guía nuestros pasos con el poder de la gracia que el Espíritu infunde en el corazón para plasmarlo y hacerlo capaz de amar. Es el *tiempo de la misericordia* para todos y cada uno de nosotros, para que nadie se sienta ajeno a la cercanía de Dios y al poder de su ternura. Es el *tiempo de la misericordia*, para que los débiles e indefensos, los que están lejos y solos sientan la presencia de los hermanos y las hermanas que los sostienen en sus necesidades. Es el *tiempo de la misericordia* para que los pobres sientan la mirada de respeto y atención de aquellos que, venciendo la indiferencia, descubren lo fundamental en la vida. Es el *tiempo de la misericordia* para que cada pecador no cese de pedir perdón y de sentir la mano del Padre que acoge y abraza siempre.

VIII

La felicidad es el céntuplo en esta vida

Dios nos ama

En primer lugar quiero decirte la primera verdad: «Dios te ama». Si ya lo escuchaste, no importa, quiero recordártelo: Dios te ama. Nunca lo dudes, pase lo que pase. En cualquier circunstancia, eres infinitamente amado.

Dios se alegra con nosotros

Dios nos ama tanto que se alegra y se complace con nosotros. Nos ama con amor gratuito, sin límites, sin esperar nada a cambio.

Dios se alegra por nosotros

Su amor no es triste, sino pura alegría que se renueva cuando nos dejamos amar por Él: «Tu Dios está en medio de ti, un poderoso salvador. Él grita de alegría por ti, te renueva con su amor, y baila por ti con gritos de júbilo» (Sofonías 3, 17).

Para Él eres realmente valioso, no eres insignificante, le importas, porque eres su obra. Por eso te presta atención y piensa en ti con cariño. Tienes que confiar en el «recuerdo de Dios. Su memoria no es un *disco duro* que graba y almacena nuestros datos; su memoria es un corazón tierno de compasión, que se regocija eliminando definitivamente cualquier vestigio del mal. No quiere llevar la cuenta de tus errores y, en todo caso, te ayudará a aprender algo de tus caídas. Porque te ama. Trata de guardar un instante de silencio dejándote amar por Él; trata de acallar tus voces y gritos interiores, y quédate un momento entre sus brazos de amor.

[...]
Héroe de amor, recuéstame en tu seno;
tú eres mi mundo, tú la vida mía.
Me quedara sin bien ni amor terreno,
ya sé quién de su mano
a mí me sostendría.
¡Ah! Mis amores tú me devolviste;
yo encuentro en ti fidelidad eterna.
Ante ti orando el cielo se prosterna;
y tu bondad, con todo,
benéfica me asiste.

NOVALIS, *Cánticos espirituales*, XI

La sed de infinito

La búsqueda de la felicidad es común a las personas de todos los tiempos y todas las edades. Dios ha depositado en el corazón de cada hombre y de cada mujer un deseo irreprimible de felicidad y plenitud. ¿No sentís que vuestros corazones están inquietos y buscan sin cesar un bien que pueda saciar su sed de infinito?

Acoger el don

Jesús quiere ser vuestro amigo, vuestro hermano, vuestro maestro de verdad y de vida que os revela el camino que hay que recorrer para alcanzar la felicidad y la realización según el plan que Dios tiene para cada uno de vosotros. Y esta amistad que os ofrece Jesús, que nos trae la misericordia, es «gratuidad», puro don. Él no os pide nada a cambio, os pide solo que la acojáis. Jesús quiere amaros por lo que sois, también por vuestras fragilidades y debilidades, para que, tocados por su amor, podáis ser renovados.

Aprender a leer la historia de tu propia vida

En la vida debemos tomar decisiones, siempre, y para tomar decisiones debemos recorrer un camino, un camino de discernimiento. Toda actividad importante tiene su *manual de instrucciones*, que hay que observar para obtener los efectos deseados. Un ingrediente indispensable para el discernimiento es la *historia de la propia vida*. Digamos que conocer la propia historia es un ingrediente indispensable para el discernimiento.

Nuestra vida es el *libro* más valioso que nos ha sido entregado, un libro que muchos lamentablemente no leen, o que leen demasiado tarde, antes de morir. Sin embargo, es precisamente ese libro el que contiene lo que en vano se busca por otras vías. San Agustín, un gran buscador de la verdad, lo había comprendido precisamente releyendo su vida, notando en ella los pasos silenciosos y discretos, pero incisivos, de la presencia del Señor. Al finalizar este recorrido notará con estupor: «Y he aquí que tú estabas dentro de mí y yo fuera, y por fuera te andaba buscando; y deforme como era, me lanzaba sobre las bellezas de tus criaturas. Tú estabas conmigo, pero yo no estaba contigo» (Confesiones x, 27.38). De ahí la invitación a cultivar la vida interior para encontrar lo que se busca: «Entra dentro de ti mismo, porque en el hombre interior reside la verdad» (*De la verdadera religión*, xxxix, 72). Esta es una invitación que quisiera haceros a todos, y que también me hago a mí mismo: «Entra en ti mismo. Lee tu vida. Léete dentro, cómo ha sido tu recorrido. Con serenidad. Entra en ti mismo».

Muchas veces también nosotros hemos tenido la misma experiencia que san Agustín: ser prisioneros de pensamientos que nos alejan de nosotros mismos, mensajes estereotipados que nos perjudican; por ejemplo, «no valgo nada» —y te vienes abajo—; «a mí todo me va mal» —y te vienes abajo—; «nunca realizaré nada bueno» —y te vienes abajo. ¡Frases pesimistas que te hunden! Leer la propia historia significa también reconocer la presencia de estos elementos *tóxicos*, pero luego ampliar la trama de nuestra narración, aprendiendo a notar otras cosas, haciéndola más rica, más respetuosa con la complejidad, logrando también recoger las formas discretas con las que Dios actúa en nuestra vida.

Distinguir la luz de las tinieblas

Si queremos ser mejores, tenemos que aprender a distinguir la luz de las tinieblas. ¿Por dónde se empieza? Puedes empezar preguntándote: ¿qué me llama la atención y me seduce, pero luego me deja dentro un gran vacío? ¡Estas son las tinieblas! En cambio, ¿qué me sienta bien y me deja paz en el corazón, aunque haya supuesto salir de ciertas comodidades y dominar ciertos instintos? ¡Esta es la luz! Y —sigo preguntándome— ¿cuál es la fuerza que nos permite separar dentro de nosotros la luz de las tinieblas, que nos hace decir *no* a la tentación del mal y *sí* a las ocasiones de bien? Es la libertad. Libertad que no es hacer todo lo que quiero y me gusta, no es lo que puedo hacer a pesar de los otros, sino para los otros; no es un total arbitrio, sino responsabilidad. La libertad es el don más grande que nuestro Padre celestial nos ha dado junto con la vida.

Luchar todos los días contra la oscuridad que hay en nuestro interior

Todos los días estás llamado a llevar una luz nueva al mundo, la de tus ojos, la de tu sonrisa, la del bien que tú y solo tú puedes aportar. Nadie puede hacerlo en tu lugar. Pero para salir a la luz hay que luchar todos los días contra la oscuridad. Sí, hay una batalla cotidiana entre la luz y las tinieblas que no se libra fuera, en un lugar cualquiera, sino dentro de cada uno de nosotros. El camino de la luz requiere decisiones valientes y apasionadas contra la oscuridad de la falsedad.

«¡Ah! —dijo Gandalf—. Es una historia muy larga. Solo los maestros de la tradición la recuerdan, pues comienza en los Años Negros. Si tuviera que contártelo todo, nos quedaríamos aquí sentados hasta que acabe el invierno y empiece la primavera. Ayer te hablé de Sauron el Grande, el Señor Oscuro. Los rumores que has oído son ciertos. En efecto, ha aparecido nuevamente y luego de abandonar sus dominios en el Bosque Negro, ha vuelto a la antigua fortaleza en la Torre Oscura de Mordor. Hasta vosotros, los hobbits, habéis oído el nombre, como una sombra que merodea en las viejas historias. Siempre después de una derrota y una tregua, la Sombra toma una nueva forma y crece otra vez». «Quisiera que no hubiera sucedido en mi época —dijo Frodo». «Yo también —dijo Gandalf—, lo mismo que todos los que viven en este tiempo. Pero no depende de nosotros. Todo lo que podemos decidir es qué haremos con el tiempo que nos dieron».

J. R. R. Tolkien, *El señor de los anillos*

Defended la verdadera belleza

¡Deja salir tu belleza! No la dictada por las modas pasajeras, sino la verdadera. En un mundo ahogado por la fealdad, mostrad la belleza que os pertenece desde siempre, desde el momento de la creación, cuando Dios creó al hombre a su imagen y semejanza, y vio que era muy hermoso. Hay que divulgar y defender esta belleza. Porque si es cierto que, como decía el príncipe Myshkin en *El idiota* de Dostoievski, la belleza salvará al mundo, hay que velar para que mundo salve a la belleza. Con este fin os invito a estrechar un *pacto global de la belleza* con todos los jóvenes del mundo, porque no hay educación sin belleza.

La belleza a la que me refiero no es la de Narciso, que inclinándose sobre sí mismo, enamorado de su propia imagen, acabó muriendo ahogado en las aguas del lago donde se reflejaba. Tampoco la que la que se pacta con el mal, como Dorian Gray, cuyo rostro se desfiguró cuando el hechizo se desvaneció. Me refiero a la belleza que nunca se marchita porque es el reflejo de la belleza divina: nuestro Dios es inseparablemente bueno, verdadero y bello. Y la belleza es una de los caminos privilegiados para llegar a Él.

Custodiar nuestros corazones y nuestras relaciones

En el Evangelio, vemos que Jesús desmonta una cierta concepción de pureza ritual relacionada con la exterioridad que prohibía el contacto con cosas y personas (entre ellos, los leprosos y los extranjeros) consideradas impuras. A los fariseos que, como otros muchos judíos de entonces, no comían sin haber hecho las abluciones y observaban muchas tradiciones sobre la limpieza de los objetos, Jesús dice categóricamente: «Nada de fuera puede hacer al hombre impuro; lo que sale de dentro es lo que hace impuro al hombre. Porque de dentro, del corazón del hombre, salen los malos propósitos: actos impuros, robos, homicidios, adulterios, codicia, injusticias, fraudes, desenfreno, envidia, difamación, orgullo, frivolidad» (Marcos 7, 15. 21-22).

¿En qué consiste, pues, la felicidad que emana un corazón puro? Por la lista que hace Jesús de los males que vuelven al hombre impuro, vemos que se trata sobre todo de cosas que tienen que ver con nuestras relaciones. Cada uno tiene que aprender a discernir lo que puede *contaminar* su corazón, formarse una conciencia recta y sensible, capaz de «discernir lo que es la voluntad de Dios, lo bueno, lo que le agrada, lo perfecto» (Romanos 12, 2). Si cuidar adecuadamente la creación, la pureza del aire, del agua y de los alimentos es necesario, con mayor motivo debemos cuidar la pureza de lo más valioso que tenemos: nuestros corazones y nuestras relaciones. Esta *ecología humana* nos ayudará a respirar el aire puro que emanan las cosas bellas, el amor verdadero y la santidad.

El manantial de nuestra alegría

Cuanto más amamos, más capaces somos de dar. Esta es también la clave para entender nuestra vida. Es bonito encontrar personas que se aman, que se quieren y comparten la vida; de ellas se puede decir lo mismo que de Dios: se aman tanto que entregan la vida. No cuenta solo lo que podemos producir o ganar, sino sobre todo el amor que sepamos dar.

¡Este es el *manantial de la alegría*! Dios amó tanto al mundo que le entregó a su Hijo.

A veces buscamos la alegría donde no está, la buscamos en quimeras que se desvanecen, en los sueños de grandeza de nuestro yo, en la aparente seguridad que dan las cosas materiales, en el culto a nuestra propia imagen, y en tantas cosas más... Pero la experiencia nos enseña que la verdadera alegría es sentirnos amados gratuitamente, sentirnos acompañados, tener a alguien que comparte nuestros sueños y que, cuando naufragamos, viene a rescatarnos y nos conduce a un puerto seguro.

Al otro lado de la ventana se extendía Moscú, muda y hambrienta. Las tiendas estaban vacías y la gente había olvidado incluso la existencia de cosas como la caza y el vodka.

Entonces se dieron cuenta de que solo la vida parecida a la vida de quienes nos rodean, la vida que se sumerge en la vida, sin dejar marcas, es verdadera vida, que la felicidad aislada no es felicidad, hasta tal punto que si un plato de caza y una botella de alcohol son los únicos que hay en la ciudad, ni siquiera parecen un plato de caza y una botella de alcohol.

B. L. Pasternak, *El doctor Zhivago*

No seáis bellos durmientes del bosque

La belleza que Jesús nos ha revelado es un esplendor que se transmite, que actúa; una belleza que se encarna para poder compartirse; una belleza que no tiene miedo de ensuciarse, de desfigurarse con tal de ser fiel al amor del que está hecha. Así que no seáis *bellos durmientes del bosque*: estáis llamados a actuar, a hacer algo. La verdadera belleza siempre es fecunda, impulsa a salir de uno mismo y a ponerse en camino. Ni siquiera la contemplación de Dios puede limitarse al disfrute de su visión, como creyeron los tres discípulos cuando Jesús se transfiguró en el monte Tabor: «Señor, ¡qué bueno es para nosotros estar aquí! Si quieres, podemos hacer tres cobertizos...» (cfr. Mateo 17, 4). No, hay que bajar del monte y arremangarse.

Os deseo, pues, que una *sana inquietud* mueva vuestros deseos y vuestros propósitos, esa inquietud que impulsa a caminar sin cesar, a no sentirse nunca *realizado*. No os aisléis del mundo encerrándoos en vuestra habitación —como piterpanes que no quieren crecer o como los jóvenes *hikikomori* que tienen miedo de enfrentarse al mundo—, sed siempre abiertos y valientes. Si los jóvenes no cambian el mundo, entonces ¿quién lo hará?

Feliz quien sabe ver lo bueno en los demás

En la Biblia, al demonio se lo llama el padre de la mentira. Es el que prometía, o mejor dicho, te hacía creer que haciendo determinadas cosas serías feliz. Luego te das cuenta de que no eres feliz en absoluto; que perseguiste algo que, lejos de darte la felicidad, te hizo sentir más vacío, más triste. Amigos, el diablo, es un *vendedor de humo*. Promete y promete, pero no da nada, nunca cumplirá nada de lo que dice. Es un mal pagador. Te hace desear cosas que no depende de él que las consigas o no; te hace depositar la esperanza en algo que nunca te hará feliz. Esa es su jugada, esa es su estrategia. Hablar mucho, ofrecer mucho y no hacer nada. Es un gran *vendedor de humo* porque todo lo que propone es fruto del enfrentamiento, de la competición, de pasar por encima de los demás para conseguir lo que queremos. Es un *vendedor de humo* porque para alcanzar todo esto el único camino es dejar de lado a tus amigos, no soportar a nadie. Apostarlo todo por la apariencia. Te hace creer que tu valor depende de lo que posees.

Jesús, por el contrario, nos ofrece una jugada totalmente opuesta. No nos vende humo, en apariencia no nos promete grandes cosas. No nos dice que la felicidad reside en la riqueza, el poder y el orgullo. Todo lo contrario. Nos muestra que el camino es otro. Este director técnico les dice a sus jugadores: bienaventurados los pobres de espíritu, los que lloran, los mansos, los que tienen hambre y sed de justicia, los misericordiosos, los limpios de corazón, los que trabajan por la paz, los perseguidos por la justicia. Y termina diciéndoles: alegraos por todo esto.

¿Por qué? Porque Jesús no nos miente. Nos muestra un camino que es vida y verdad. Él es la gran prueba. Es su estilo, su manera de vivir la vida, la amistad, la relación con su Padre. Y es a lo que nos invita. A sentirnos hijos. Hijos amados.

Él no vende humo porque sabe que la felicidad, la verdadera, la que sacia el corazón, no está en la ropa cara, en los zapatos o en la etiqueta de una marca; sabe que la felicidad verdadera reside en ser sensible, en aprender a llorar con los que lloran, en estar cerca de los que están tristes, en ofrecer la mano, en dar un abrazo. Quien no sabe llorar, no sabe reír, y, en consecuencia, no sabe vivir. Jesús sabe que en este mundo lleno de competencia, envidia y agresividad, la verdadera felicidad pasa por aprender a ser pacientes, a respetar a los demás, a no condenar ni juzgar a nadie. Al mal tiempo, buena cara, dice el refrán. No abandonéis el corazón a la rabia, al rencor. Felices los misericordiosos. Felices los que saben ponerse en el lugar del otro, los que tienen la capacidad de abrazar, de perdonar. Todos lo hemos experimentado alguna vez. Todos, en alguna ocasión, nos hemos sentido perdonados. ¡Qué bonito es! Es como volver a la vida, es como tener una nueva oportunidad. No hay nada mejor que tener nuevas oportunidades. Es como si la vida volviera a empezar. Por eso, felices los portadores de nueva vida, de nuevas oportunidades. Felices los que trabajan para hacerlo posible, los que luchan para ello. Todos nos equivocaciones miles de veces. Por eso, felices los que son capaces de ayudar a los demás a rectificar sus errores, sus equivocaciones, los que son amigos de verdad y nunca abandonan a nadie. Esos son los limpios de corazón, los que logran ver más allá de las contrariedades y superan las dificultades. Felices sobre todo los que ven lo bueno en los demás.

El bien que nos falta

Un *ingrediente*, por así decirlo, indispensable del discernimiento es el deseo. En efecto, el discernimiento es una forma de búsqueda, y la búsqueda nace de algo que nos falta pero que de alguna manera conocemos o intuimos.

¿Qué naturaleza tiene este conocimiento? Los maestros espirituales lo indican con el término *deseo*, que, de raíz, es una nostalgia de plenitud que no encuentra nunca plena satisfacción, es el signo de la presencia de Dios en nosotros.

El deseo no son las ganas pasajeras, no. La palabra italiana procede de un término latín bonito y curioso: *de-sidus*, literalmente *carencia de estrella*. Deseo es carencia de estrella, carencia del punto de referencia que orienta el camino de la vida. Evoca un sufrimiento, una falta, y al mismo tiempo una inclinación por alcanzar el bien del que carecemos. El deseo es, pues, la brújula que me dice dónde estoy y adónde voy, es más, es la brújula gracias a la cual sé si estoy parado o si camino. Una persona que no desea es una persona quieta, enferma quizá, casi muerta.

¿Cómo se reconoce? Pensémoslo bien. Un deseo sincero sabe llegar en profundidad a lo más íntimo de nuestro ser, de ahí que no desaparezca frente a las dificultades o los contratiempos. Es como cuando tenemos sed: si no encontramos nada que beber, no por eso renunciamos a buscarlo, todo lo contrario, buscar algo para beber ocupa nuestro pensamiento y nuestras acciones cada vez más, hasta que llegamos a estar dispuestos a cualquier sacrificio con tal de saciar nuestra sed. Obstáculos y fracasos no anulan el deseo, no, al contrario, lo hacen aún más vivo.

La gracia de tener grandes deseos

Muchas personas sufren porque no saben qué quieren hacer con su vida; probablemente nunca han tomado contacto con su deseo profundo, nunca lo han conocido. «¿Qué quieres hacer con tu vida?». «No lo sé». De ahí el riesgo de que la existencia transcurra entre intentos y atajos de diversa índole que nunca conducen a nada, o desperdiciando oportunidades valiosas. De esta manera, algunos cambios que teóricamente se desean nunca se realizan cuando se presenta la ocasión porque faltan las ganas reales de sacar adelante un proyecto.

Si el Señor dirigiera a cualquiera de nosotros la pregunta que le hizo al ciego de Jericó: «¿Qué quieres que haga por ti?» (Marcos 10, 51), ¿qué le responderíamos? Quizá podríamos por fin pedirle que nos ayude a conocer el deseo profundo de Él, que Dios mismo ha puesto en nuestro corazón: «Señor, que yo conozca mis deseos, que yo sea una mujer, un hombre de grandes deseos»; quizá el Señor nos dará la fuerza de descubrirlo. Es una gracia inmensa, que sustenta todas las demás: consentir al Señor, como en el Evangelio, que haga milagros por nosotros. «Danos el deseo y hazlo crecer, Señor».

La felicidad que se compra no dura

La felicidad no se compra. Cuando compras la felicidad, luego te das cuenta de que se ha esfumado… La felicidad que se compra no dura. ¡Solo la felicidad del amor es duradera!

El camino del amor es sencillo: ama a Dios y ama al prójimo, tu hermano, que está cerca de ti, que tiene necesidad de amor y de muchas otras cosas. «Pero, padre, ¿cómo puedo saber si amo a Dios?». Si amas al prójimo, si no odias, si no albergas odio en tu corazón, amas a Dios, así de sencillo. Es una prueba infalible.

La felicidad reside en el amor

La profesión de fe en Jesucristo no puede limitarse a las palabras, sino que exige una legitimación a través de actos y gestos concretos, una vida orientada al amor por Dios, una vida grande, una vida llena de amor al prójimo. Jesús nos dice que para seguirlo, para ser discípulos suyos, hay que renegar de uno mismo, es decir, de las exigencias del propio orgullo egoísta y cargar con la cruz. Luego nos da a todos una regla fundamental: «Quien quiera salvar su vida, la perderá». A menudo, en la vida, por muchos motivos, nos equivocamos de camino y buscamos la felicidad en las cosas, o en las personas a las que tratamos como cosas. Pero la felicidad solo se encuentra cuando el amor, el verdadero, nos encuentra, nos sorprende, nos cambia. ¡El amor lo cambia todo! Y el amor puede cambiarnos también a cada uno de nosotros.

Amor y aventura para hacer grande la vida

Hoy en día, la verdadera originalidad, la verdadera revolución, es rebelarse contra la cultura de lo provisional, es ir más allá del instinto, del instante, es amar para toda la vida con todo nuestro ser. No hemos venido al mundo para ir tirando, sino para hacer de la vida una hazaña. Todos conocéis grandes historias emocionantes que habéis leído en las novelas, que habéis visto en alguna película inolvidable o que escuchasteis contar.

Si reflexionáis, os daréis cuenta de que las grandes historias siempre tienen dos ingredientes: uno es el amor; el otro es la aventura, el heroísmo. Siempre van de la mano. Para hacer grande la vida se necesitan los dos: amor y heroísmo. Fijémonos en Jesús, fijémonos en la historia del crucificado, ahí están los dos ingredientes: un amor sin límites y la valentía de darlo todo hasta el final, sin medias tintas.

La viga y la paja

Ternura, bondad, humildad, mansedumbre, magnanimidad. El estilo cristiano es magnánimo, es grande.

«Sed misericordiosos, como vuestro Padre es misericordioso. No juzguéis y no seréis juzgados; no condenéis y no seréis condenados; perdonad y seréis perdonados. Dad y se os dará: os verterán una buena, apretada, remecida y rebosante, porque con la misma medida con que medís, os volverán a medir» (Lucas 6, 36-38). Si la medida de tu amor, de tu misericordia y de tu generosidad es grande, así serás juzgado; si no, según tu medida.

Pero ¿por dónde se empieza?, ¿cuál es el primer paso para enfilar este camino?

El primer paso es acusarse a uno mismo, tener la valentía de acusarse a uno mismo antes de acusar a los demás: «[...] saca primero la viga de tu ojo, y entonces podrás ver para sacar la brizna que hay en el ojo de tu hermano» (Lucas 6, 42). Acúsate a ti mismo: «¿Qué hago yo?, ¿soy justo?, ¿me siento juez para quitar la brizna de los ojos de los demás, para acusar a los demás?».

Quien no aprende a acusarse a sí mismo se convierte en un hipócrita. Quien no es capaz de hacerlo no es un cristiano, no forma parte de la hermosa obra de la reconciliación, de la pacificación, de la ternura, de la bondad, del perdón, de la magnanimidad, de la misericordia que nos ha traído Jesús.

Hay que poseer el valor que tuvo san Pablo cuando escribió de sí mismo: «[...] yo era un blasfemo, un perseguidor y un insolente». Este es un primer paso real hacia el camino de la magnanimidad, porque quien solo sabe ver la brizna en el ojo del prójimo acaba siendo un mezquino, un alma hecha de pequeñeces y murmuraciones.

El camino de la magnanimidad

¿Qué significa ser magnánimos? Significa tener un gran corazón, grandeza de ánimo, grandes ideales, el deseo de hacer grandes cosas para cumplir lo que Dios nos pide, y precisamente por eso cumplir como es debido con las cosas de cada día, las acciones cotidianas, los compromisos, los encuentros con los demás...; hacer las pequeñas cosas de cada día con el corazón grande y abierto a Dios y a los demás.

El camino de la piedad

El don de piedad significa ser verdaderamente capaces de alegrarnos con quien está alegre, de llorar con quien llora, de acercarnos a quien está solo o angustiado, de corregir a quien

se equivoca, de consolar a quien está afligido, acoger y soco-
rrer a quien pasa necesidad. Hay una relación muy estrecha
entre el don de la piedad y la mansedumbre. El don de piedad
que nos da el Espíritu Santo nos hace apacibles, serenos, pacientes, en paz con Dios, al servicio de los demás con mansedumbre.

El camino de la amabilidad

El individualismo es causa de muchos atropellos. Los demás se
convierten en meros obstáculos para nuestra placentera tranquilidad y acabamos tratándolos como engorros y la agresividad aumenta. Esto se acentúa y llega a niveles exasperantes en
épocas de crisis, en situaciones catastróficas, en momentos
difíciles en los que aflora el espíritu del *sálvese quien pueda*.
Sea como fuere, aún es posible cultivar la amabilidad; las personas que lo hacen se convierten en estrellas en medio de la
oscuridad.

San Pablo cita un fruto del Espíritu Santo con la palabra
griega *jrestótes* (Gálatas 5, 22), que expresa un estado de ánimo
que no es áspero, rudo, duro, sino afable, templado, que sostiene y conforta. La persona que tiene esta cualidad ayuda a los
demás a que su existencia sea más soportable, sobre todo
cuando cargan con el peso de sus problemas, urgencias y an-
gustias. Es una manera de tratar a los demás que se manifiesta
de varias formas: amabilidad en el trato, prudencia para no
herir con las palabras o los actos, procurar aliviar el peso de los
demás. Implica «decir palabras de aliento, que reconfortan,

que fortalecen, que consuelan, que estimulan», en lugar de «palabras que humillan, que entristecen, que irritan, que desprecian».

La amabilidad es una liberación de la crueldad que a veces caracteriza las relaciones humanas, de la ansiedad que nos impide pensar en los demás, de la prisa despistada que ignora que los demás también tienen derecho a ser felices. Hoy en día la gente no suele tener tiempo ni energía para entretenerse tratando bien a los demás —decir *permiso*, *perdón*, *gracias*—, pero de vez en cuando aparece milagrosamente una persona amable que deja aparte sus preocupaciones y compromisos para prestar atención a los demás, para regalarles una sonrisa, para decir una palabra de ánimo, para conceder escucha en medio de tanta indiferencia. Este esfuerzo, vivido cada día, es capaz de crear esa sana convivencia que vence las incomprensiones y previene los conflictos. Practicar la amabilidad no es un detalle menor ni una actitud superficial o burguesa. Puesto que presupone estima y respeto, cuando se convierte en cultura transforma profundamente el estilo de vida de la sociedad, las relaciones sociales, el modo de debatir y de intercambiar ideas, facilita que se puedan alcanzar acuerdos y abre caminos allí donde la exasperación había cortado todos los puentes.

El camino de la paciencia

No es fácil comprender qué es la paciencia, qué significa ser paciente en general y paciente si te ponen a prueba. Se puede afirmar que la paciencia no es la actitud de los derrotados, la paciencia cristiana no sigue el camino de la derrota, es otra cosa.

La paciencia es una virtud de la gente que camina, no de los que están parados, quietos y encerrados en sí mismos.

El significado etimológico de la palabra es «llevar a cuestas, echarse sobre los hombros». Cansa, es verdad, pero el paciente *carga* con el problema, no lo rehúye, no rehúye el sufrimiento, carga con él con júbilo y beatitud.

El camino de la mansedumbre

«Bienaventurados los mansos» (Mateo 5, 4). Sin embargo, ¡cuántas veces somos impacientes, estamos nerviosos, siempre dispuestos a quejarnos! Exigimos mucho a los demás, pero cuando nos exigen reaccionamos levantando la voz como si fuéramos los amos del mundo, mientras que en realidad todos somos hijos de Dios. Tomemos como ejemplo a esos padres y esas madres que son pacientes con sus hijos a pesar de que los *vuelvan locos*. Este es el camino del Señor, el camino de la mansedumbre y la paciencia. Jesús ha recorrido este camino: de niño soportó la persecución y el exilio; luego, de adulto, las calumnias, los engaños, las falsas acusaciones en los tribunales; y todo lo ha soportado con mansedumbre. Ha soportado por amor a nosotros incluso la cruz.

Ponte primero a ti mismo en paz y podrás después pacificar a otros. La persona pacífica se perfecciona más que la que mucho sabe. La persona alterada convierte el bien en mal y con más facilidad cree lo malo. La persona buena y pacífica todo lo convierte en bien. Quien vive bien en paz de nadie sospecha. En cambio, quien está lleno de maldad y trastornado es agitado por variadas suspicacias. Ni él se está tranquilo ni permite que otros lo estén. Dice con frecuencia lo que no debería decir y omite hacer lo que más le convendría. Piensa en las obligaciones de los demás y se descuida de las propias. Interésate primero por ti mismo y luego podrás, con justicia, interesarte por lo demás.

Tomás de Kempis, Imitación de Cristo, ii, iii, 1

La evasión y el reposo

El mandamiento del día de descanso parece fácil de observar, pero es una impresión equivocada. Descansar de verdad no es sencillo, porque hay una diferencia entre el verdadero descanso y el falso. ¿Cómo podemos distinguirlos?

La sociedad actual está sedienta de diversiones y vacaciones. La industria del entretenimiento es muy floreciente y la publicidad diseña el mundo ideal como un gran parque de atracciones donde todo el mundo se divierte. El concepto de *vida* hoy en día dominante no tiene el centro de gravedad en la actividad y en el compromiso sino en la *evasión*. Ganar dinero para divertirse, satisfacerse. La imagen modelo es la de una persona de éxito que puede permitirse amplios y diferenciados espacios de placer. Pero esta mentalidad aboca a la insatisfacción de una existencia anestesiada por una diversión que no es descanso, sino alienación y huida de la realidad. El hombre nunca ha descansado tanto como hoy en día, pero ¡nunca se ha sentido tan vacío! La posibilidad de divertirse, de salir, los cruceros y los viajes no dan la plenitud. Es más, no permiten descansar.

¿Qué es, pues, el descanso según este mandamiento? Es el momento de la contemplación, de la alabanza, no de la evasión. Es el tiempo de mirar la realidad y decir: ¡qué bonita es la vida! Al descanso como fuga de la realidad, el Decálogo opone el descanso como *bendición de la realidad*. Para los cristianos el centro del día del Señor, el domingo, es la eucaristía, que significa *acción de gracias*; es el día para decir a Dios: gracias Señor por la vida, por tu misericordia, por todos tus dones. El domingo no es el día que borra los demás, sino que los recuerda, los bendice, nos permite hacer las paces con la vida. ¡Cuántas personas que se divierten mucho no viven en paz con la vida! El domingo es el día para hacer las paces con la vida, diciendo: la vida es valiosa; no es fácil, a veces es dolorosa, pero tiene valor.

Nuestra vida es un lienzo blanco a la espera del color

Los magos viajan hacia Belén. Su peregrinación también nos interpela a nosotros, llamados a caminar hacia Jesús, porque Él es la estrella polar que ilumina los cielos de la vida y orienta nuestros pasos hacia la alegría verdadera. Pero ¿dónde se inició la peregrinación de los magos hacia Jesús? ¿Qué empujó a estos hombres de Oriente a ponerse en camino?

Tenían buenas excusas para no partir. Eran sabios y astró-
logos, gozaban de fama y riqueza. Habiendo alcanzado esa seguridad cultural, social y económica, podían darse por satisfechos con lo que sabían y tenían, podían estar tranquilos. En
cambio, se dejan tentar por una pregunta y por un signo:
«¿Dónde está el Rey de los judíos que ha nacido? Porque vi-
mos su estrella» (Mateo 2, 2). Su corazón no se deja entumecer
en la madriguera de la apatía, sino que está sediento de luz; no
se arrastra sumido en la pereza, sino que está inflamado por la
nostalgia de nuevos horizontes. Sus ojos no se dirigen a la tierra, sino que son ventanas abiertas al cielo.

¿De dónde nace la sana inquietud que los empuja a pere-
grinar? Nace del deseo. He aquí su secreto interior: saber desear. Pensémoslo bien. Desear significa mantener vivo el fuego
que arde en nuestro interior y que nos impulsa a buscar más
allá de lo inmediato, más allá de lo visible. Desear es acoger la
vida como un misterio que nos supera, como resquicio siempre abierto que invita a mirar más allá, porque la vida *no se
acaba aquí*, hay vida *más allá*. Es como una tela blanca que necesita el color. Precisamente un gran pintor, Van Gogh, escri-
bía que la necesidad de Dios lo impulsaba a salir de noche para
pintar las estrellas. Sí, porque Dios nos ha hecho así: forjados
con el deseo, orientados, como los magos, hacia las estrellas.
Podemos afirmar sin miedo a exagerar que somos lo que de-
seamos, porque son los deseos los que ensanchan nuestro horizonte e impulsan nuestras vidas más allá; más allá de las barreras de la rutina, más allá de una existencia aplanada por
el consumo, más allá de una fe repetitiva y cansada, más allá del
miedo a participar, a comprometernos por los demás y por

el bien. «Esta es nuestra vida —decía san Agustín—: ejercitar-
nos mediante el deseo».

La inquietud y la libertad

La libertad nos hace libres en la medida en que transforma la
vida de una persona y la orienta hacia el bien. Para ser realmente libres no solo necesitamos conocernos a nosotros mismos a nivel psicológico, sino sobre todo buscar la verdad en
nosotros mismos a un nivel más profundo. Y ahí, en el corazón, abrirnos a la gracia de Cristo. La verdad nos debe inquie-
tar —volvemos a esta palabra tan cristiana: la inquietud—.
Sabemos que hay cristianos que nunca se inquietan, que viven
siempre igual, cuyos corazones no están en movimiento, carecen de inquietud. ¿Por qué, en cambio, la inquietud es importante? Porque es la señal de que el Espíritu Santo está trabajan-
do dentro de nosotros, y la libertad es una libertad activa,
suscitada por su gracia. Por eso afirmo que la libertad debe
inquietarnos, debe interrogarnos sin cesar para que podamos
ir cada vez más a fondo de lo que realmente somos. Descubrimos de esta manera que el de la verdad y la libertad es un camino fatigoso que dura toda la vida. Es fatigoso permanecer
libre; es fatigoso, pero no imposible. Ánimo, sigamos adelante
con esto, nos hará bien. Es un camino en el que nos guía y nos
sostiene el amor que viene de la cruz: el amor que nos revela
la verdad y nos da la libertad. Este es el camino de la felicidad.
La libertad nos hace libres, nos hace alegres, nos hace felices.

Un río de alegría

El Evangelio, donde brilla gloriosa la cruz de Cristo, invita insistentemente a la alegría. He aquí algunos ejemplos: «Alégrate» es el saludo del ángel a María (Lucas 1, 28); la visita de María a Isabel hace que Juan salte de alegría en las entrañas de su madre (cfr. Lucas 1, 41); en su canto María proclama: «Mi espíritu se estremece de alegría en Dios, mi salvador» (Lucas 1, 47); cuando Jesús comienza su ministerio, Juan exclama: «Esta es mi alegría, que ha llegado a su plenitud» (Juan 3, 29); Jesús mismo «se llenó de alegría en el Espíritu Santo» (Lucas 10, 21); su mensaje es fuente de gozo: «Os he dicho estas cosas para que mi alegría esté en vosotros, y vuestra alegría sea plena» (Juan 15, 11). Nuestra alegría cristiana bebe de la fuente de su corazón rebosante: Él le promete a los discípulos: «Estaréis tristes, pero vuestra tristeza se convertirá en alegría» (Juan 16, 20); y añade: «Volveré a veros y se alegrará vuestro corazón, y nadie os podrá quitar vuestra alegría» (v. 22); luego, cuando ven que ha resucitado, «se llenaron de alegría» (Juan 20, 20). El libro de los Hechos de los apóstoles cuenta que en la primera comunidad «tomaban el alimento con alegría» (2, 46); por donde los discípulos pasaban, había «una gran alegría» (8, 8), y ellos, mientras sufrían persecución, «se llenaban de gozo» (13, 52). Un eunuco recién bautizado «siguió gozoso su camino» (8, 39), y el carcelero «se alegró con toda su familia por haber creído en Dios» (16, 34). ¿Por qué no formar parte nosotros también de ese río de alegría?

El júbilo profundo es un don

«Luego Jesús los llevó fuera de la ciudad, hasta Betania, y alzando las manos los bendijo. Y mientras los bendecía, se apartó de ellos y fue llevado al cielo. Ellos, después de adorarlo, volvieron a Jerusalén muy contentos. Y estaban siempre en el templo, alabando a Dios» (Lucas 24, 50-53).

¿A qué clase de gozo se refiere cuando afirma que estaban muy contentos? ¿A la simple alegría? No, no exactamente. La alegría es buena, pero si queremos vivirla sin cesar acaba convirtiéndose en ligereza, superficialidad que puede inducir a un estado de falta de sabiduría cristiana. El júbilo es otra cosa, es una alegría superior, es algo más profundo, es un don del Señor que nos llena por dentro. Es como una unción del Espíritu. El júbilo es la seguridad de que Jesús está con nosotros y con el Padre.

La verdadera alegría

La verdadera alegría no nace de las cosas materiales, de poseerlas. ¡No! Nace del encuentro, de la relación con los demás, del sentirse aceptado, comprendido, amado, de comprender y de amar no por interés pasajero, sino porque el otro es una persona. ¡La alegría nace de la gratuidad de un encuentro! Es escuchar «tú eres importante para mí», no necesariamente con palabras. Eso es lo que Dios nos hace comprender. Cuando Dios nos llama dice: «Tú eres importante para mí, te quiero, cuento contigo».

¡Este es el mensaje de Jesús para cada uno de nosotros! ¡De ahí nace la alegría! Es la alegría que provoca el momento en que Jesús me mira. Comprenderlo y sentirlo es el secreto de nuestra alegría. Sentirse amados por Dios, sentir que para Él no somos números, sino personas, y sentir que es Él quien nos llama.

Una alegría que nadie podrá quitarnos

Si permanecemos en Él, su alegría estará con nosotros. No seremos discípulos tristes y apóstoles amargados. Todo lo contrario. Reflejaremos y seremos portadores de la alegría verdadera, de ese júbilo pleno que nadie podrá quitarnos, difundiremos la esperanza de vida nueva que Cristo nos ha donado. La llamada de Dios no es una carga pesada que nos roba la alegría. A veces pesa, sí, pero incluso ese peso es gozoso. Dios no nos quiere sumidos en la tristeza —uno de los malos espíritus que se apoderan del alma, como ya denunciaban los monjes del desierto—; Dios no nos quiere sumidos en el cansancio que causa la actividad mal entendida, carente de una espiritualidad que proporciona felicidad a nuestra vida e incluso a nuestras fatigas. Nuestra alegría contagiosa debe ser el primer testimonio de la cercanía y del amor de Dios. Somos verdaderos dispensadores de la gracia de Dios cuando la alegría del encuentro con Él se hace visible.

La verdadera vida

¡Cuántas veces sentimos la necesidad de un cambio que afecte a toda nuestra persona! Cuántas veces nos decimos: «Debo cambiar, no puedo continuar así… Si sigo por este camino, mi vida no dará frutos, será una vida inútil y yo no seré feliz». ¡Cuántas veces nos asaltan pensamientos así! Y Jesús, a nuestro lado, con la mano tendida, dice: «Ven, ven a mí. Yo lo haré posible, yo te cambiaré el corazón, yo te cambiaré la vida, yo te haré feliz».

Jesús, que siempre está con nosotros, nos invita a cambiar de vida. Es Él, con el Espíritu Santo, quien siembra en nosotros esa inquietud de cambiar de vida y ser mejores. Aceptemos la invitación del Señor y no opongamos resistencia, porque solo si nos abrimos a su misericordia encontraremos la verdadera vida y la verdadera alegría. Lo único que debemos hacer es abrir la puerta de par en par, y Él hará el resto. Él se ocupará de todo, pero a nosotros nos corresponde abrir el corazón para que pueda sanarnos y ayudarnos a seguir adelante. Os aseguro que seremos más felices.

Fuentes

Introducción

FELICES COMO DIOS NOS QUIERE
Ángelus, 16 de enero de 2022
Audiencia general, 23 de agosto de 2017

QUINCE PASOS HACIA LA FELICIDAD
1. *Lee dentro de ti*: Audiencia general, 19 de octubre de 2022
2. *Recuerda que eres único*: Encuentro con los jóvenes, 14 de septiembre de 2021
3. *¡Deja salir tu belleza!*: Mensaje, 21 de septiembre de 2022
4. *Aprende a reírte de ti mismo*: Discurso, 16 de marzo de 2018
5. *Sé una persona de sanas inquietudes*: Mensaje, 21 de septiembre de 2022
6. *Aprende a perdonar*: Audiencia general, 18 de marzo de 2020
7. *Aprende a leer la tristeza*: Audiencia general, 26 de octubre de 2022
8. *Sueña en grande*: Homilía, 22 de noviembre de 2020

9. *No prestes atención a los vendedores de humo*: Encuentro con los jóvenes, 14 de septiembre de 2021

10. *Sé revolucionario, ve a contracorriente*: Discurso, 28 de julio de 2013

11. *Arriésgate, a costa de equivocarte*: Exhortación Apostólica Christus vivit, 143

12. *Camina con los demás*, Diálogo con los estudiantes, 7 de junio de 2013

13. *Vive la gratuidad*: Encíclica Fratelli tutti, 140

14. *Mira más allá de la oscuridad*: Homilía, 21 de noviembre de 2021

15. *Recuerda que estás destinado a lo mejor*: Ángelus, 16 de enero de 2022

I. LA FELICIDAD ES UN DON QUE RECIBIMOS DE DIOS

Solo el amor lleva la felicidad a la vida: Ángelus, 3 de septiembre de 2017

La salvación es un don gratuito: Ángelus, 8 de diciembre de 2014

Un corazón manso: Meditación matutina, 25 de marzo de 2014

Él nos amó primero: Exhortación Apostólica Christus vivit, 121

Dios siempre da el primer paso hacia nosotros: Ángelus, 6 de enero de 2014

Fuimos salvados por amor: Exhortación Apostólica Christus vivit, 118

Primeros pasos hacia la verdadera felicidad: Mensaje, 4 de octubre de 2018

El Cielo no se compra con dinero: Homilía, 18 de diciembre de 2015

Ni el lujo ni el poder ni la riqueza: Homilía, 18 de diciembre de 2015

¿Qué debemos hacer?: Ángelus, 12 de diciembre de 2021

El camino de la felicidad: Ángelus, 1 de marzo de 2015

Encomiéndate a la gratuidad del don de Dios: Meditación matutina, 19 de diciembre de 2019

Saber ver la gracia: Homilía, 1 de febrero de 2020

Todo es gratuito, todo es gracia: Meditación matutina, 11 de junio de 2013

La puerta estrecha: Ángelus, 25 de agosto de 2013

La luz o las tinieblas: Ángelus, 14 de marzo de 2021

El recuerdo y la memoria: Meditación matutina, 3 de octubre de 2013

Los desiertos de hoy: Ángelus, 6 de diciembre de 2015

La quimera de salvarse solos: Meditación matutina, 10 de abril de 2013

Preguntémosle a esa chismosa de nuestra alma: Meditación matutina, 25 de octubre de 2019

La verdadera caída es no dejarse ayudar: Exhortación Apostólica Christus vivit, 120

Permite a su amor infinito ponerte en pie de nuevo: Exhortación Apostólica Christus vivit, 119

La alegría de ser salvados: Homilía, 24 de marzo de 2013

¡Sé santo!: Exhortación Apostólica Gaudete et exsultate, 14

No tengas miedo de la santidad: Exhortación Apostólica Gaudete et exsultate, 32

No tengas miedo de apuntar alto: Exhortación Apostólica Gaudete et exsultate, 34

En la prueba, miremos hacia delante: Meditación matutina, 29 de mayo de 2018

No os convirtáis en esclavos de la falsa libertad: Audiencia jubilar, 10 de septiembre de 2016

Compartir es la verdadera felicidad: Mensaje, 26 de diciembre de 2013

Aprendamos a aceptar nuestra fragilidad: Carta Apostólica Patris corde, 8 de diciembre de 2020

La gracia de Dios cambia nuestros corazones: Audiencia general, 30 de junio de 2021

El amor siempre es libertad: Ángelus, 24 de enero de 2021

Perdón, amor y alegría: Audiencia jubilar, 10 de septiembre de 2016

Redimidos y salvados por amor: Audiencia jubilar, 10 de septiembre de 2016

De nuestras heridas nacen perlas: Mensaje por la XXXII Jornada Mundial de la Juventud, 27 de febrero de 2017

Cada instante de la vida es tiempo valioso: Ángelus, 24 de enero de 2021

Las flores más hermosas entre las piedras más áridas: Audiencia general, 19 de abril de 2017

II. LA FELICIDAD SE REGALA

Hacia la cima, hacia una gran meta: Encuentro con los jóvenes y con los ancianos, 29 de julio de 2022

Convertirse en instrumentos de misericordia: Carta Apostólica Misericordia et misera, 16

Sembrar la paz: Homilía, 1 de noviembre de 2015

La fuerza de cambiar las cosas: Discurso, 28 de julio de 2016

Alimentad grandes ideales: Discurso, 15 de septiembre de 2018

Seremos juzgados por el amor: Bula Misericordiae Vultus, 15

¿Cuál es tu identidad?: Ángelus, 24 de enero de 2021

Salgamos de nuestra zona de confort: Mensaje por la Jornada Mundial de los Pobres, 19 de noviembre de 2017

La misericordia no tiene límites: Carta Apostólica Misericordia et misera, 18-19

Vencer la tentación de la indiferencia: Mensaje por la XXIX Jornada Mundial de la Juventud, 21 de enero de 2014

Ser cristiano es actuar: Carta Apostólica Misericordia et misera, 19

El placer de ser un manantial: Exhortación Apostólica Evangelii Gaudium, 272

Yo soy una misión: Exhortación Apostólica Evangelii Gaudium, 273

Todas las personas son dignas de nuestra entrega: Exhortación Apostólica Evangelii Gaudium, 274

No amemos de palabra, sino con obras: Mensaje por la Jornada Mundial de los Pobres, 19 de noviembre de 2017

Testimonia con tu vida: Discurso a los participantes en el Congreso Misionero Juvenil, 23 de abril de 2022

Una verdadera revolución cultural: Carta Apostólica Misericordia et misera, 20

Vivir para servir: Discurso, 29 de julio de 2016

Cuida a los hermanos: Discurso a los participantes en el Congreso Misionero Juvenil, 23 de abril de 2022

Habéis recibido gratuitamente, dad también gratuitamente: Encíclica Fratelli tutti, 140

Solidaridad, cooperación, responsabilidad: Discurso en el Congreso Internacional de la fundación Centesimus annus pro pontifice, 23 de octubre de 2021

Benditas las manos que se abren: Mensaje por la Jornada Mundial de los Pobres, 19 de noviembre de 2017

Ensúciate las manos y serás feliz: Diálogo con los jóvenes y los ancianos, 23 de octubre de 2018

La tentación de caminar únicamente a salvo: Exhortación Apostólica Gaudete et exsultate, 133-134

El valor para seguir adelante: Discurso de apertura del Congreso Eclesial de la diócesis de Roma, 17 de junio d 2013

Estamos llamados a mucho: Exhortación Apostólica Christus vivit, 107

¡Arriesgaos a costa de equivocaros!: Exhortación Apostólica Christus vivit, 143

Si aprendéis a llorar con quien llora, seréis realmente felices: Mensaje en la xxxv Jornada Mundial de la Juventud, 11 de febrero de 2020

La conmovedora ternura de Dios: Mensaje en la xxxv Jornada Mundial de la Juventud, 11 de febrero de 2020

No tengáis miedo de participar en la revolución de la ternura: Discurso a los jóvenes con ocasión del viaje apostólico a Lituania, Letonia y Estonia, 22 de septiembre de 2018

¿Con quién te identificas?: Encíclica Fratelli tutti, 63-64

Ser como el buen samaritano: Encíclica Fratelli tutti, 67

¿Quién elegimos ser?: Encíclica Fratelli tutti, 69

Busquemos a los demás: Encíclica Fratelli tutti, 77-78

Lo que cuenta es no vivir para uno mismo: Discurso a los participantes en el Jubileo de la Vida Consagrada, 1 de febrero de 2016

Somos nosotros los que se convierten en el prójimo: Encíclica Fratelli tutti, 80-81

¡No tengas miedo de mostrar el amor!: Discurso del Congreso Eclesial de la diócesis de Roma, 17 de junio de 2013

El valor de ir a contracorriente: Homilía, 21 de noviembre de 2021

El valor para ser feliz: Discurso con ocasión de la xxviii Jornada Mundial de la Juventud, 28 de julio de 2013

III. LA FELICIDAD ES UN CAMINO

El arte de caminar humanamente: Diálogo con los estudiantes, 7 de junio de 2013

Solo nunca se llega: Discurso, 22 de septiembre de 2018

Como niños: Homilía, 17 de febrero de 2021

Si te caes, ¡levántate!: Audiencia general, 30 de marzo de 2016

Nunca te rindas: Discurso xxxi Jornada Mundial de la Juventud, 28 de julio de 2016

Solo quien no camina no se cae: Mensaje por la xxxv Jornada Mundial de la Juventud, 11 de febrero de 2020

Dios camina con nosotros: Discurso a los jóvenes con ocasión de la xxxi Jornada Mundial de la Juventud, 29 de julio de 2016

A contracorriente hacia la felicidad: Homilía, 1 de noviembre de 2015

Apostar siempre por los grandes ideales: Discurso, 7 de junio de 2013

La alegría es un don peregrino: Meditación matutina, 10 de mayo de 2013

No seáis hombres y mujeres tristes: Homilía, 24 de marzo de 2013

Juntos para dar nueva fuerza a nuestras manos: Exhortación Apostólica Christus vivit, 199

No deis vueltas sobre vosotros mismos: Discurso, 22 de septiembre de 2018

La Palabra que libera la alegría: Homilía, 23 de enero de 2022

Custodia la llama del enamoramiento: Audiencia general, 30 de agosto de 2017

Llevar la luz a la noche del mundo: Discurso, 22 de junio de 2019

Sembradores de esperanza: Discurso a los jóvenes con ocasión de la XXXI Jornada Mundial de la Juventud, 29 de julio de 2016

¡Remad mar adentro y salid de vosotros mismos!: Discurso, 22 septiembre de 2013

«¡Ven! ¡Sígueme!»: Mensaje a los jóvenes, 29 de junio de 2021

No nos encerremos en nuestro pequeño mundo: Discurso, 2 de diciembre de 2017

Ir siempre más allá: Exhortación Apostólica Evangelii Gaudium, 21

Emprender un viaje: Homilía, 6 de enero de 2021

Elijamos el camino del bien: Discurso, 17 diciembre de 2015

¿Hacia dónde se orienta mi corazón?: Homilía, 17 de febrero de 2021

Para no perder el rumbo: Homilía, 17 de febrero de 2021

El horizonte final de nuestro camino: Audiencia general, 23 de agosto de 2017

Lloraremos, sí, pero de alegría: Audiencia general, 23 de agosto de 2017

Si esta noche tu corazón alberga una hora oscura...: Homilía, 3 de abril de 2021

Del desconcierto a la maravilla: Homilía, 3 de abril de 2021

Déjate sorprender por la fe: Homilía, 3 de abril de 2021

Descubre de nuevo la gracia de la cotidianidad: Homilía, 3 de abril de 2021

En nosotros siempre hay una nueva vida que puede volver a empezar: Homilía, 3 de abril de 2021

IV. LA FELICIDAD NO ES IR TIRANDO

Lo efímero y lo que perdura: Ángelus, 17 de febrero de 2019

Los placeres superficiales: Exhortación Apostólica Evangelii Gaudium, 2

La pureza, la mansedumbre y la misericordia: Ángelus, 1 de noviembre de 2020

El valor de la sobriedad: Mensaje en la xxix Jornada Mundial de la Juventud, 21 de enero de 2014

El valor de la libertad: Discurso, 7 de junio 2013

Guardaos de los vendedores de humo: Ángelus, 17 de febrero de 2019

Estamos en el mundo para tener la audacia de tomar decisiones arriesgadas: Encuentro con los jóvenes, 14 de septiembre de 2021

Corazón rico, corazón pobre: Exhortación Apostólica Gaudete et exsultate, 67-68

¡El sudario no tiene bolsillos!: Ángelus, 2 de marzo de 2014

La búsqueda obsesiva de la riqueza causa infelicidad: Ángelus, 26 de febrero 2017

La belleza más allá de la apariencia: Exhortación Apostólica Christus vivit, 183

Qué fea es la vida delante del espejo: Discurso, 22 de septiembre de 2018

Reíos de vosotros mismos: Discurso, 16 de marzo de 2018

Jóvenes en el vértigo del vacío: Discurso, 28 de julio de 2016

Lo contrario de una vida banal: Ángelus, 26 de julio de 2020

La belleza de la austeridad: Exhortación Apostólica Gaudete et exsultate, 108

Estad alerta: Ángelus, 28 de noviembre de 2021

¿Qué preferís, el vértigo o la plenitud?: Discurso, 28 de julio de 2016

Libertad es elegir el bien: Homilía, 24 de abril de 2016

Hambre y sed de justicia: Homilía, 1 de noviembre de 2015

La trampa terrible: Bula Misericordiae Vultus, 19

Las tres miserias: Mensaje, 26 de diciembre de 2013

La riqueza de la pobreza: Mensaje por la V Jornada Mundial de los Pobres, 13 de junio de 2021

Rechazar los arreglos: Audiencia general, 29 de abril de 2020

Busquemos la verdad en nuestro interior: Homilía, 21 de noviembre de 2021

Una sociedad sin corazón: Encuentro con los migrantes, 30 de marzo de 2019

Las palabras no bastan: Discurso, 17 de junio de 2013

¿Necesitas amor?: Exhortación Apostólica Christus vivit, 131

La enfermedad del pesimismo: Encuentro con los jóvenes, 14 de septiembre de 2021

¡Levántate!: Discurso, 23 de abril de 2022

La voz de Dios y la voz del maligno: Regina Coeli, 3 de mayo de 2020

El diablo con la mirada lánguida: Ángelus, 6 de marzo de 2022

Renunciar al mal: Ángelus, 12 de agosto de 2018

Abrazar el bien: Ángelus, 12 de agosto de 2018

Limpiar el corazón de las mentiras que lo ensucian: Homilía, 7 de marzo de 2021

Los fracasos son positivos: Mensaje de la xxxv Jornada Mundial de la Juventud, 11 de febrero de 2020

Dios nos quiere conectados a la vida: Encuentro con los jóvenes, 14 de septiembre de 2021

Sacudíos el sopor del alma: Ángelus, 28 de noviembre de 2021

Un inagotable deseo de felicidad: Mensaje de la xxix Jornada Mundial de la Juventud, 21 de enero de 2014

Sed los protagonistas de vuestra historia: Mensaje de la xxxii Jornada Mundial de la Juventud, 27 de febrero de 2017

V. LA FELICIDAD ES SOÑAR CON COSAS REALES

Dios llega de noche: Homilía, 21 de noviembre de 2021

¿Cuál es el sueño de la vida?: Mensaje, 19 de marzo de 2021

Lo contrario de yo es *nosotros*: Diálogo con los jóvenes, 11 de agosto de 2018

No pongamos límites al horizonte: Homilía, 22 de noviembre de 2020

Si elegimos amar somos felices: Homilía, 22 de noviembre de 2020

No dependamos de los porqués de la vida: Homilía, 22 de noviembre de 2020

No tengáis miedo de arriesgaros, sino de vivir paralizados: Exhortación Apostólica Christus vivit, 142

Convertid vuestros sueños en vuestro futuro: Diálogo con los jóvenes, 11 de agosto de 2018

Cuidado con los sueños que adormecen: Diálogo con los jóvenes, 11 de agosto de 2018

Un loco llamado Francisco: Diálogo con los jóvenes, 11 de agosto de 2018

Ofreced vuestros sueños: Diálogo con los jóvenes, 11 de agosto de 2018

Artesanos de esperanza: Discurso, 7 de mayo de 2019

Donde no hay sueños hay quejas y resignación: Discurso, 7 de mayo de 2019

Defender los propios sueños: Diálogo con los jóvenes y los ancianos, 23 de octubre de 2018

Necesitamos el ardor de los jóvenes: Homilía, 21 de noviembre de 2021

Solos se corre el riesgo de ver espejismos: Discurso, 7 mayo de 2019

Cultivemos sanas utopías: Audiencia general, 30 de agosto de 2017

La hermandad humana, un sueño posible: Discurso, 23 de octubre de 2021

VI. LA FELICIDAD ES REVOLUCIONARIA

El mapa de la vida cristiana: Ángelus, 1 de noviembre de 2017

Las bienaventuranzas te conducen a la felicidad: Audiencia general, 29 de enero de 2020

El camino del amor: Mensaje de la xxix Jornada Mundial de la Juventud, 21 de enero de 2014

La respuesta de Dios a nuestro deseo de felicidad: Audiencia general, 6 de agosto de 2014

Bienaventurado significa feliz: Mensaje de la xxix Jornada Mundial de la Juventud, 21 de enero de 2014

Una novedad revolucionaria: Mensaje de la xxix Jornada Mundial de la Juventud, 21 de enero de 2014

Permitamos que la paradoja de las bienaventuranzas nos desquicie por dentro: Ángelus, 13 de febrero de 2022

Una molestia para el mundo: Audiencia general, 29 de abril de 2020

Mansos y de corazón humilde: Ángelus, 1 de noviembre de 2020

Felices los pobres: Homilía, 1 de noviembre de 2015

La lógica del amor: Ángelus, 17 de febrero de 2019

Un corazón compasivo: Discurso, 28 de julio de 2016

Felices los que saben perdonar: Homilía, 1 de noviembre de 2015

Nacimos para no morir nunca más: Ángelus, 1 de noviembre de 2018

VII. LA FELICIDAD ES AMOR CONCRETO

El amor de Dios que nos abraza: Homilía, 12 de diciembre de 2015

Todos somos deudores: Audiencia general, 18 de marzo de 2020

El único camino para derrotar al mal: Mensaje de la xxxi Jornada Mundial de la Juventud, 15 de agosto de 2015

La reciprocidad del perdón: Audiencia general, 18 de marzo de 2020

¿Qué significa ser misericordioso?: Mensaje de la XXXI Jornada Mundial de la Juventud, 15 de agosto de 2015

Necesitamos el perdón como el aire que respiramos: Audiencia general, 18 de marzo de 2020

Un amor concreto: Mensaje de la XXXI Jornada Mundial de la Juventud, 15 de agosto de 2015

El amor de Dios es visceral: Bula Misericordiae Vultus, 6

Todos somos hijos pródigos: Mensaje de la XXXI Jornada Mundial de la Juventud, 15 agosto de 2015

La misericordia tiene el rostro joven: Discurso, 28 de julio de 2016

Acordémonos de nuestros pecados, no de nuestros éxitos: Videomensaje, 27 de agosto de 2016

El amor no es una palabra abstracta: Bula Misericordiae Vultus, 9

La caridad es un don: Mensaje, 11 de noviembre de 2020

Vivir la caridad: Carta Apostólica Misericordia et misera, 8

No se ha dicho la última palabra: Videomensaje, 27 de agosto de 2016

No temas mal alguno: Homilía, 30 de marzo de 2020

Sentir la vida de los demás: Homilía, 1 de noviembre de 2015

El camino que va del corazón a las manos: Videomensaje, 27 de agosto de 2016

Un ejercicio de misericordia: Ángelus, 15 de septiembre de 2013

El alzhéimer espiritual: Videomensaje, 27 de agosto de 2016

La necesidad de consolación: Carta Apostólica Misericordia et misera, 13

La misericordia se aprende: Videomensaje, 27 de agosto de 2016

El silencio partícipe: Carta Apostólica Misericordia et misera, 13

La ternura del Señor: Homilía, 12 diciembre de 2015

Dejar aparte el rencor: Bula Misericordiae Vultus, 9

La inconmensurable alegría del perdón: Carta Apostólica Misericordia et misera, 2-3

La soberbia y el orgullo son un muro: Audiencia general, 13 abril de 2016

El primer acto: Carta Apostólica Misericordia et misera, 5

El tiempo de la misericordia: Carta Apostólica Misericordia et misera, 21

VIII. LA FELICIDAD ES EL CÉNTUPLO EN ESTA VIDA

Dios nos ama: Exhortación Apostólica Christus vivit, 112

Dios se alegra con nosotros: Homilía, 12 de diciembre de 2015

Dios se alegra por nosotros: Exhortación Apostólica Christus vivit, 114-115

La sed de infinito: Mensaje, 31 de enero de 2015

Acoger el don: Mensaje a los jóvenes, 28-30 de junio de 2013

Aprender a leer la historia de tu propia vida: Audiencia general, 19 de octubre de 2022

Distinguir la luz de las tinieblas: Encuentro con los jóvenes y con los ancianos, 29 de julio 2022

Luchar todos los días contra la oscuridad que hay en nuestro interior: Encuentro con los jóvenes y con los ancianos, 29 de julio de 2022

Defended la verdadera belleza: Mensaje, 21 de septiembre de 2022

Custodiar nuestros corazones y nuestras relaciones: Mensaje de la
    xxx Jornada Mundial de la Juventud, 31 de enero de 2015

El manantial de nuestra alegría: Homilía, 14 de marzo de 2021

No seáis bellos durmientes del bosque: Mensaje, 21 de septiembre de 2022

Feliz quien sabe ver lo bueno en los demás: Discurso, 12 de julio
    de 2015

El bien que nos falta: Audiencia general, 12 de octubre de 2022

La gracia de tener grandes deseos: Audiencia general, 12 de octubre de 2022

La felicidad que se compra no dura: Encuentro con los jóvenes
    de Asia, 15 de agosto de 2014

La felicidad reside en el amor: Ángelus, 16 de septiembre de 2018

Amor y aventura para hacer grande la vida: Encuentro con los
    jóvenes, 14 de septiembre de 2021

La viga y la paja: Meditación matutina, 11 de septiembre
    de 2015

El camino de la magnanimidad: Discurso, 7 de junio de 2013

El camino de la piedad: Audiencia general, 4 de junio de 2014

El camino de la amabilidad: Carta Encíclica Fratelli tutti,
    222-224

El camino de la paciencia: Meditación matutina, 12 de febrero
    de 2018

El camino de la mansedumbre: Homilía, 1 de noviembre de 2015

La evasión y el reposo: Audiencia general, 5 de septiembre de 2018

Nuestra vida es un lienzo en blanco a la espera del color: Homilía,
    6 de enero de 2022

La inquietud y la libertad: Audiencia general, 6 de octubre
    de 2021

Un río de alegría: Exhortación Apostólica Evangelii Gaudium, 5

El júbilo profundo es un don: Meditación matutina, 10 de mayo de 2013

La verdadera alegría: Encuentro con los seminaristas, los novicios y las novicias, 6 de julio de 2013

Una alegría que nadie podrá quitarnos: Discurso, 9 de septiembre de 2017

La verdadera vida: Audiencia jubilar, 18 de junio de 2016

Libros y películas

LIBROS

Agustín, *Epístola 155*: https://www.augustinus.it/

Alighieri, Dante, *La divina comedia.* [Hay trad. cast.: *La divina Comedia, Paraíso,* edición bilingüe, traducción Ángel Crespo, Barcelona, Seix Barral, 1977 y otras].

Benedetti, Mario, *Te quiero,* cit. en Amoris Laetitia, Exhortación Apostólica postsinodal, 19 de marzo de 2016.

Benson, Robert Hugh, *Il padrone del mondo,* Roma, Fazi Editore, 2014. [Hay trad. cast.: *El señor del mundo,* trad. Miguel Martínez-Lage, Madrid, editorial San Román, 2011].

Bernárdez, Francisco Luis, *Si para recobrar lo recobrado,* cit. en Christus vivit, Exhortación Apostólica postsinodal del papa Francisco, 25 de marzo de 2019.

Borges, Jorge Luis, «Juan I, 14», de *El otro, el mismo.*

Chesterton, G. K., *L'imputato,* Turín, Lindau, 2011. [Hay trad. cast.: *El acusado,* trad. de Victoria León Varela, Sevilla, editorial Renacimiento, 2012].

Cruz, Juan de la, *Llama de amor viva.*

Donne, John, *Poesie amorose. Poesie teologiche*, Milán, Einaudi, 1971. [Hay trad. cast.: *Canciones y sonetos*, trad. de José Benito Álvarez-Buylla, Oviedo, editorial Saltadera, 2017].

Dostoievski, F. M., *I fratelli Karamazov*, Milán, Mondadori, 2010. [Hay trad. cast.: *Los hermanos Karamazov*, numerosas traducciones].

d'Assisi, Francesco, *Cantico delle creature*. [Hay trad. cast.: Francisco de Asís, *Cántico de las criaturas,* Palma de Mallorca, editorial José J. de Olañeta, 2002 y otras].

Favre, Pietro, *Memorie spirituali*, Milán, La Civiltà Cattolica/ Corriere della Sera, 2014. [Hay trad. cast.: Pedro Fabro, *Memorial,* Bilbao, Mensajero, 2014].

Hölderlin, Friedrich, *Poesie*, Milán, Einaudi, 1958. [Hay trad. cast.: *Odas*, trad. Txaro Santoro, Madrid, Hiperión, 2005; *Grandes elegías*, trad. Federico Gorbea, Barcelona, Ediciones 29, 1977].

Hopkins, Gerard Manley, *Poesie e prose scelte*, Parma, Ugo Guanda Editore, 1987. [Hay trad. cast.: *Antología*, trad. Juan Tovar, Ciudad de México, Universidad Nacional Autónoma de México. Coordinación de difusión cultural. Dirección de literatura, 2008].

Kempis, Tomás de, *Imitazione di Cristo*, BUR, 2008. [Hay trad. cast.: *Imitación de Cristo*, numerosas traducciones del latín].

Loyola, Ignacio de, *El peregrino; Ejercicios espirituales*.

Mannin, Ethel, *Tardi ti ho amato*, Milán, La Civiltà Cattolica/ Corriere della Sera, 2014. [Hay trad. cast.: *Tarde he llegado a amarte*, Santiago de Chile, Andrés Bello, 1990].

Manzoni, Alessandro, *I promessi sposi*. [Hay trad. cast.: *Los no-vios*, trad. Esther Benítez Eiroa, Barcelona, Penguin Clási-cos, 2023 y otras].

Novalis, *Inni alla notte. Canti spirituali*, Milán, Garzanti, 1986. [Hay trad. cast.: *Cánticos espirituales*, trad. Alejandro Mar-tín Navarro, Sevilla, editorial Renacimiento, 2006].

Pasternak, B. L., *Il dottor Živago*, Milán, Feltrinelli, 2005. [Hay trad. cast.: *El doctor Zhivago*, trad. Fernando Gutiérrez, Ma-drid, Cátedra, 2005 y otras].

Paz, Octavio, *Hermandad*, cit. en el Saludo del papa Francisco al final de la santa misa en Ciudad Juárez, 17 de febrero de 2016.

Tolkien, J. R. R., *Il Signore degli Anelli*, Milán, Bompiani, 2014. [Hay trad. cast.: *El señor de los anillos*, trad. Luis Domènech y Matilde Horne, Barcelona, Minotauro, 2022].

Virgilio, *Eneide*, Milán, Einaudi, 1989. [Hay trad, cast.: *La Eneida*, trad. Gregorio Hernández De Velasco, Nabu Press, 2011 y otras muchas].

PELÍCULAS

Francisco, juglar de Dios, dirección y guion de Roberto Rosselli-ni, Federico Fellini y Brunello Rondi, Italia, 1950

El festín de Babette, dirección y guion de Gabriel Axel, Dina-marca, 1987

La strada, dirección de Federico Fellini; guion de Federico Fellini, Tullio Pinelli, Carlo Ponti y Ennio Flaiano, Italia, 1954

Roma, ciudad abierta, dirección de Roberto Rossellini; guion de Sergio Amidei, Federico Fellini, Ferruccio Disnan, Celeste Negarville y Roberto Rossellini, Italia, 1945